(Reproduit en 1871, sous
le titre de : Les Sources de la
Régénération sociale)

DEMANDES ET RÉPONSES

SUR

LES DEVOIRS SOCIAUX.

PARIS. — IMPRIMÉ PAR PLON FRÈRES

RUE DE VAUGIRARD, 36

DEMANDES ET RÉPONSES

SUR LES

DEVOIRS SOCIAUX

PAR

ALPHONSE GRATRY

Aumônier de l'École Normale.

PARIS

LIBRAIRIE DE GAUME FRÈRES

RUE CASSETTE, N° 4

1848

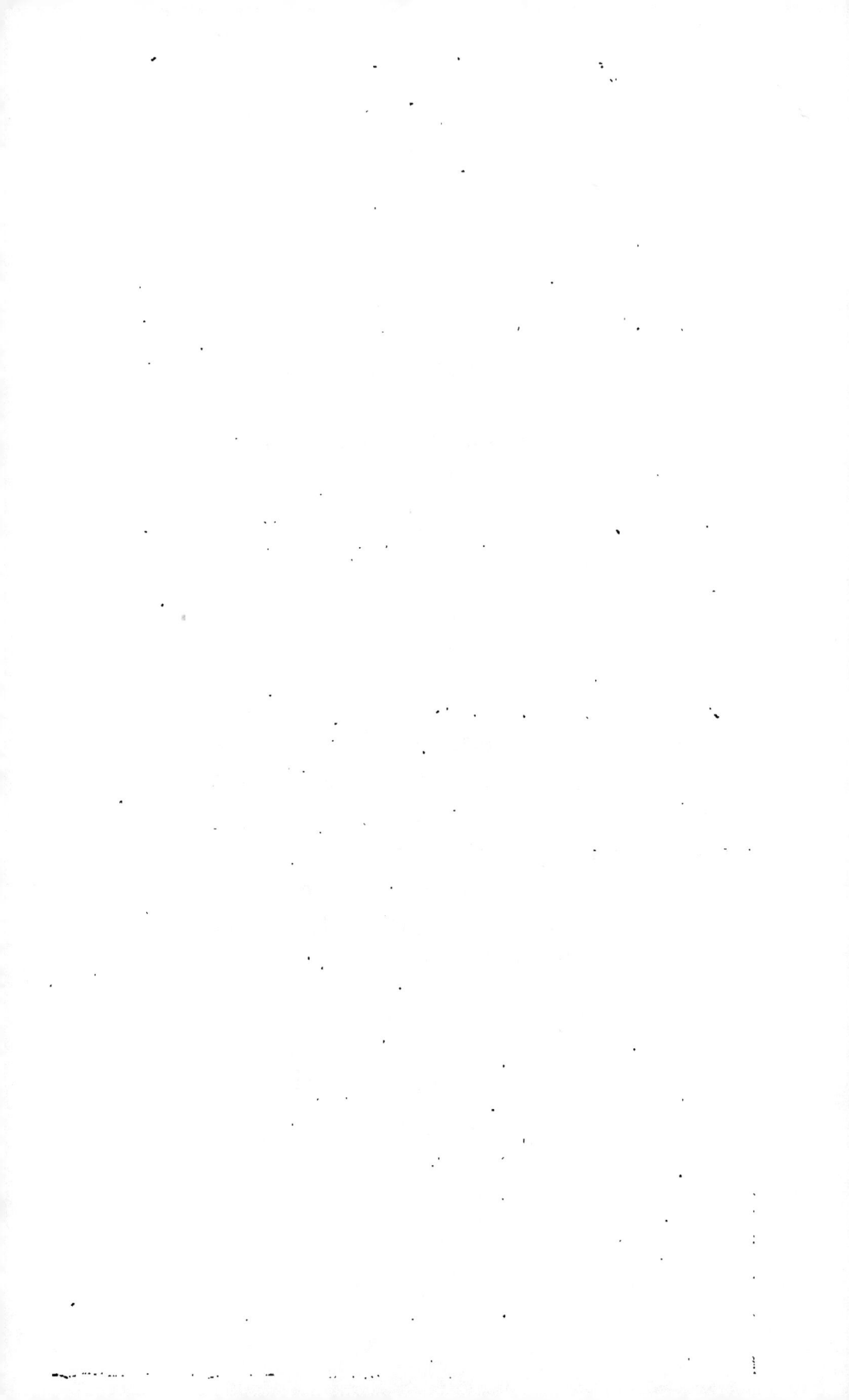

LETTRE DE M. CHAPOT,

REPRÉSENTANT DU PEUPLE,

A M. L'ABBÉ GRATRY.

———

Mon cher ami,

Vous trouverez, sous ce pli, trois lettres qui vous prouveront que je ne suis pas seul à penser du bien de votre excellent travail; nos trois 'vêques représentants en font grand cas, et cette ipprobation me paraît trop utile à la propagaion de nos idées, pour que je ne considère pas 'impression de ces lettres, en tête de votre lire, comme la meilleure préface à lui donner.

Tout à vous de cœur,

F. CHAPOT,
Représentant du peuple.

———

LETTRES

DE NN.S^{GRS} LES ÉVÊQUES DE QUIMPER,
DE LANGRES ET D'ORLÉANS,

A M. CHAPOT,

REPRÉSENTANT DU PEUPLE.

LETTRE DE L'ÉVÊQUE DE QUIMPER.

Paris, le 23 juillet 1848.

Monsieur,

J'ai lu avec un grand intérêt les *Demandes et Réponses sur les Devoirs sociaux;* j'ai cru y reconnaître les qualités les plus nécessaires à ce genre de productions : exactitude, précision, clarté. Je désire qu'il se répande, car il peut faire beaucoup de bien.

Agréez, Monsieur, mon bien sincère hommage.

† J. M.,
Evêque de Quimper.

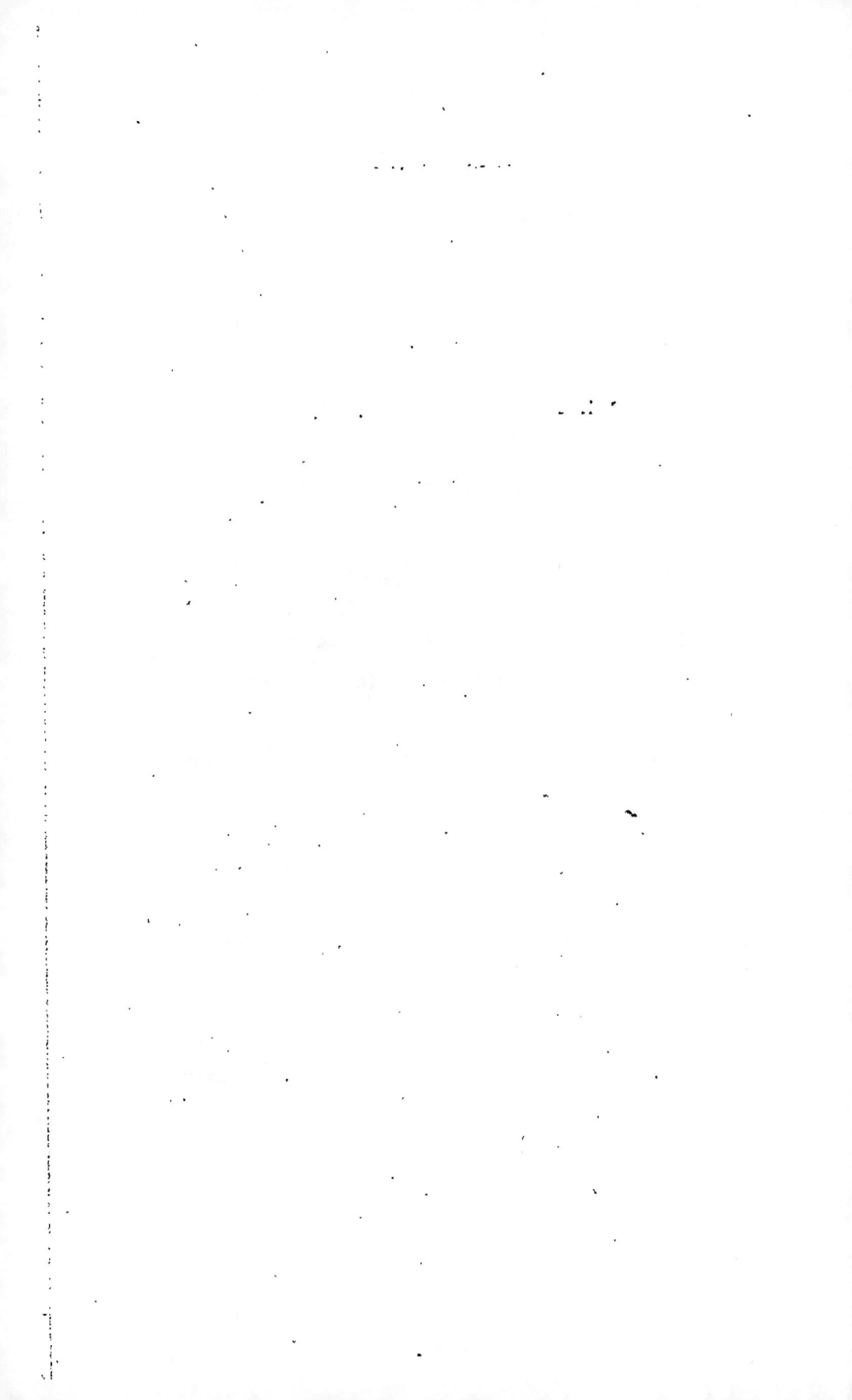

LETTRE DE L'ÉVÊQUE DE LANGRES.

Paris, le 23 juillet 1848.

MON CHER MONSIEUR,

J'ai lu avec un vif intérêt l'opuscule ayant pour titre *Demandes et Réponses sur les Devoirs sociaux*. Mon avis très-positif est que l'on n'a rien encore publié en cette matière de supérieur à cet écrit pour la netteté des aperçus, la justesse des jugements, et la lumière toute nouvelle qu'il répand sur des sujets nouveaux et généralement mal compris. Je fais donc des vœux bien sincères pour que ce précieux travail soit livré au public, et je vous remercie de m'en avoir procuré la lecture. C'est un nouveau titre aux sentiments de haute estime et du particulier attachement que j'aime à professer pour vous.

† P. L.,
Évêque de Langres.

LETTRE DE L'ÉVÊQUE D'ORLÉANS.

Mon cher collègue,

Vous me demandez ce que je pense du Catéchisme social que vous avez bien voulu me com-
muniquer. Je vous dirai d'autant plus volontiers
ce que j'en pense que mon opinion est entièrement favorable à cet excellent petit ouvrage; il
est plein d'esprit et de sens, et il annonce dans
son auteur une profonde connaissance de la religion et de ses rapports avec tous les besoins
des sociétés humaines; il renverse par des rai-
sonnements à la portée de toutes les intelligences
ces modernes systèmes qui, sous des noms divers, tendent à ramener la barbarie sur la terre.
Il est à désirer que ce petit Catéchisme soit imprimé le plus tôt possible, et répandu dans les
Écoles; sans être prophète je lui prédis un grand
succès.

Recevez, mon cher collègue, l'assurance de
mes sentiments les plus affectueux.

† J. J.,
Évêque d'Orléans.

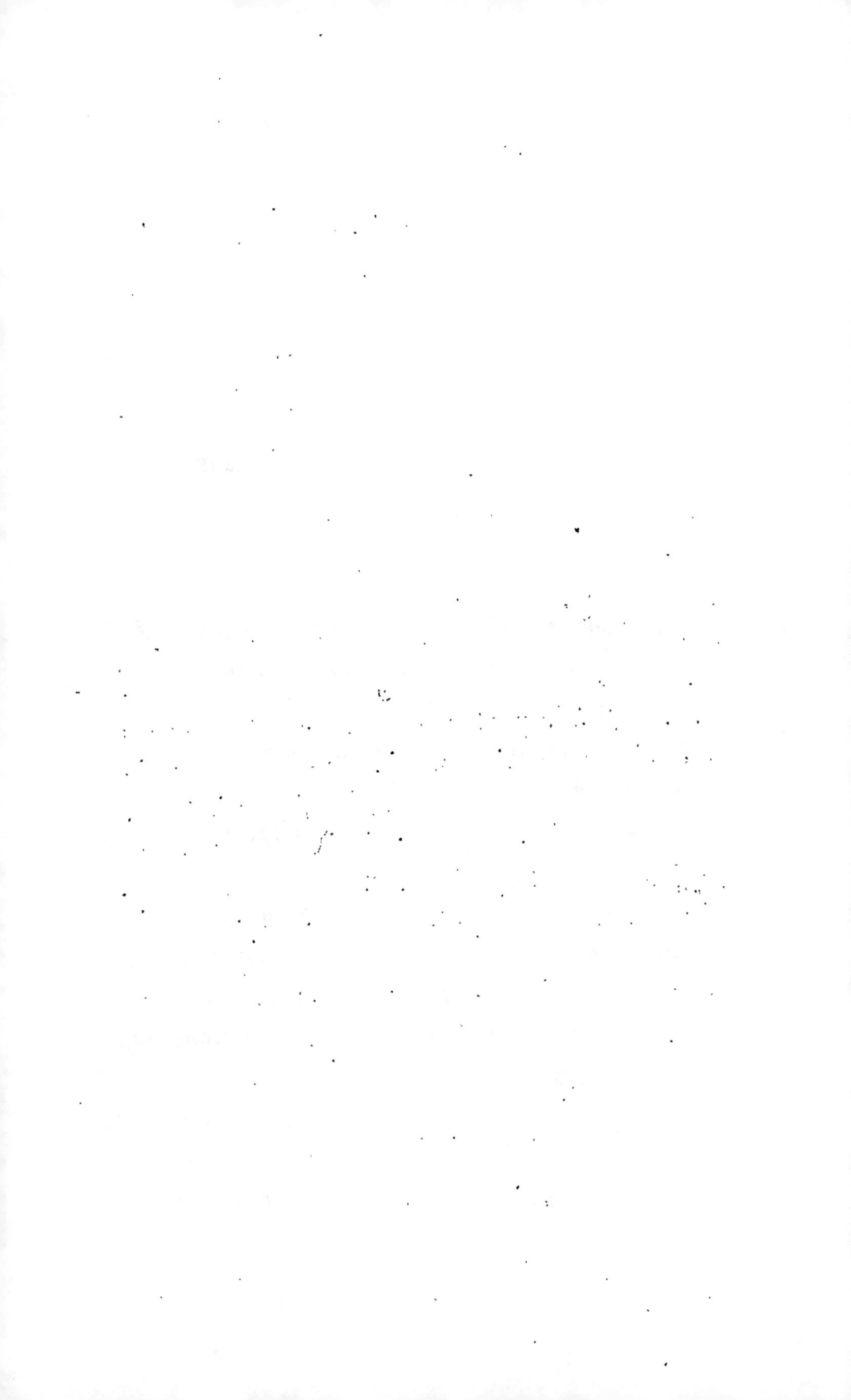

Ce 27 juin 1848.

Je viens de quitter l'Archevêque mourant. J'ai baisé sa main vénérable. Je rentre tout plein de sa dernière parole : « Qu'il n'y ait plus de guerre civile parmi nous, et que mon sang soit le dernier versé! »

Mais que faire pour qu'il n'y ait plus de guerre civile parmi nous? Il faut que, comme le martyr qui meurt en ce moment, et comme Jésus-Christ son modèle, on apprenne à verser son sang plutôt que celui des autres. Il faut que l'esprit du Christ soit parmi nous, et nous enseigne enfin nos devoirs.

L'ignorance du devoir social est la source du sang dont Paris fume encore. Puisse l'esprit du Christ, mis en action et en lumière par la mort de ce vrai pasteur, chasser enfin de nos âmes incertaines les ténèbres de l'esprit d'homicide, de mensonge et d'iniquité !

A. GRATRY, *prêtre*,
Ancien élève de l'École polytechnique.

SIMPLE MORALE.

I.

LE DEVOIR SOCIAL.

D. *Quel est notre premier devoir social?*

R. Notre premier devoir, et celui-là renferme tous les autres, c'est d'aimer Dieu par-dessus toutes choses, et tous les hommes comme nous-mêmes pour l'amour de Dieu.

D. *Qui nous enseigne ce devoir?*

R. Ce devoir nous est doublement enseigné : au dedans, par la conscience et la raison que Dieu donne à tout homme venant en ce monde; et au dehors, par la bouche de Jésus-Christ, qui est incontestablement le vrai maître du genre humain.

D. *Pourquoi dites-vous que ce premier devoir nous est enseigné par la conscience et par la raison?*

R. Parce qu'il est évident à tout esprit et sensible à tout cœur, qu'aimer Dieu par-dessus toutes choses et les hommes comme soi-même est le bien, et que le contraire est le mal.

D. *Pourquoi donc quelques hommes ne connaissent-ils pas ce devoir, et pourquoi la plupart des hommes ne le pratiquent-ils pas?*

R. La lumière éclaire tous les hommes sans exception, mais la volonté libre de l'homme a le pouvoir étrange de repousser la lumière, et quand la volonté a longtemps repoussé la lumière, l'esprit devient aveugle et ne l'aperçoit plus.

D. *Quels sont ceux qui repoussent ainsi la lumière?*

R. Ce sont les hommes dont le cœur est ou mort ou malade.

D. *Comment appelle-t-on un homme dont le cœur est mort?*

R. Cet homme s'appelle un égoïste ou un méchant.

D. *Tous les égoïstes et tous les méchants sont donc des cœurs morts et des esprits éteints?*

R. Oui, quand l'égoïsme est complet et quand la méchanceté est absolue.

D. *Y a-t-il des méchants absolus et invincibles qui resteront toujours méchants?*

R. Oui, il y en a.

D. *Pouvons-nous les connaître avec certitude?*

R. Il nous est impossible d'en connaître un seul avec certitude. Dieu seul connait les vrais méchants.

D. *Qu'en concluez-vous?*

R. J'en conclus que le devoir d'aimer nos frères ne souffre pas une seule exception.

D. *Il faut donc aimer les voleurs, les menteurs, les assassins, les hypocrites?*

R. Oui, il faut aimer tous ces affreux malades et se dévouer pour les guérir, quoiqu'ils soient beaucoup plus malades que des pestiférés et des lépreux.

D. *Qui nous a donné l'exemple de nous dévouer à la guérison de ces maladies morales?*

R. Jésus-Christ nous a donné cet exemple, et de plus ce pouvoir. Il a déclaré que sa mission était de guérir les malades, et même de ressusciter les morts.

D. *Par quel moyen pouvons-nous guérir les maladies morales et ressusciter les cœurs morts?*

R. Par le moyen que J.-C. a employé, et dans lequel il a déposé sa force.

D. *Quel est ce moyen?*

R. Ce moyen est la sainte et surnaturelle contagion de la charité.

D. *Qu'est-ce que la charité?*

R. La charité c'est l'amour de Dieu et de nos frères.

D. *La charité, qui est le but, est donc aussi le moyen?*

R. Précisément; la charité est tout. Aimer Dieu et nos frères est le premier devoir, qui renferme sans exception tous les autres. C'est là le but, c'est là le bonheur. C'est aussi le moyen d'arriver au but et d'y faire arriver les autres; et, s'il est vrai que le but de l'homme est Dieu même, il en faut conclure que Dieu, ou l'esprit de Dieu, ou la charité, ou l'amour sont même chose. C'est ce que dit l'apôtre saint Jean. « Dieu est amour. »

D. *Qu'appelez-vous la contagion de la charité?*

R. C'est le passage de l'amour d'un cœur qui aime à un cœur qui n'aimait pas.

D. *Comment pouvons-nous opérer cette contagion?*

R. En aimant ceux qui ne nous aiment pas jusqu'à ce qu'ils nous aiment.

D. *Y a-t-il réellement des hommes qui aient ces sentiments?*

R. Oui, tous les vrais chrétiens et tous les vrais ministres de J.-C., quoique détestés par un grand nombre d'hommes, les aiment tous sans une seule exception, et emploient leur vie et leurs forces à faire cesser la haine en instruisant, en guérissant et en donnant leur sang lorsqu'il le faut.

D. *Quelles instructions faut-il donner aux hommes pour faire cesser la haine?*

R. Il faut transmettre les instructions données par J.-C.

D. *En quoi consistent ces instructions?*

R. Ces instructions consistent précisément dans la grande loi : Aimer Dieu par-dessus toutes choses, et tous les hommes comme nous-mêmes pour l'amour de Dieu.

D. *Est-ce là toute la doctrine chrétienne?*

R. Oui; J.-C. a dit ces propres mots : « *Faites cela et vous vivrez,* » et « *C'est là la loi et les prophètes.* » Ce qui veut dire en d'autres termes : C'est là tout, c'est là toute ma loi.

D. *Mais alors toute la loi chrétienne se réduit donc à un seul point?*

R. Sans aucun doute.

D. *Le christianisme est donc entièrement conforme à ce qu'enseignent la conscience et la raison?*

R. Précisément, et il s'ensuit que le christianisme est la religion nécessaire, éternelle, manifestement infaillible.

D. *Mais alors pourquoi beaucoup d'hommes ne sont-ils pas chrétiens?*

R. Beaucoup d'hommes ne sont pas chrétiens

par cela même que beaucoup d'hommes sont sourds à la conscience et aveugles à la raison. Tout homme est réellement libre d'accepter ou de repousser le christianisme, la conscience et la raison.

II.

LA SOCIÉTÉ.

D. *Que veut dire le mot société?*

R. Société signifie union de plusieurs hommes entre eux.

D. *L'homme est-il né pour la société?*

R. Oui; la sagesse éternelle a dit : *Il n'est pas bon que l'homme soit seul; malheur à celui qui est seul.* L'individu n'a toutes ses forces que par la société, et sans la société l'individu est incomplet et mutilé. Il est aussi naturel à l'homme de s'unir à ses frères, qu'il est naturel au grain de blé de venir en épis et au raisin de venir en grappes. Si les hommes n'étaient groupés en société, l'humanité ne serait qu'un désert de sable et une aride poussière.

D. *Y a-t-il plusieurs espèces de sociétés?*

R. Oui. Il y a la famille, première société naturelle, puis la patrie, et puis le genre humain.

1.

D. *N'y a-t-il pas d'autres espèces de sociétés?*

R. Oui. Il y a, outre ces trois sociétés naturelles, des associations volontaires et des sociétés libres, depuis la plus petite association
industrielle ou littéraire jusqu'à la grande société religieuse qu'on appelle l'Église catholique,
c'est-à-dire l'*assemblée universelle.*

D. *Ces diverses sociétés peuvent-elles exister
toutes ensemble sans se détruire mutuellement?*

R. Elles peuvent et doivent exister toutes ensemble en se corroborant mutuellement. De
même que l'individu trouve son bien dans le bien
social, et que la société, à son tour, trouve sa
prospérité dans la prospérité individuelle, de
même, toutes les espèces de sociétés naturelles,
ou volontaires et libres, trouvent leur bien dans
le bien de l'ensemble, et la grande unité sociale
trouve son bien dans celui de toutes les unités
subordonnées.

D. *Qu'appelez-vous des unités subordonnées?*

R. Les unités subordonnées sont, par exemple, l'unité individuelle subordonnée à l'unité
de la famille, la famille subordonnée à l'unité
de la patrie, et la patrie subordonnée à l'unité
du genre humain, de même que chaque fruit
d'un arbre est un dans la grande unité de la
tige commune, et que chaque germe est un
dans l'unité du fruit qui le renferme.

D. *N'y a-t-il pas des doctrines qui veulent détruire les unités subordonnées pour fortifier l'unité principale?*

R. Oui, il y a des doctrines qui prétendent détruire la famille pour fortifier l'unité de la patrie; d'autres veulent détruire la patrie pour fortifier l'unité du genre humain.

D. *Sur quoi sont fondées ces doctrines?*

R. Ces doctrines n'ont d'autre fondement qu'une profonde ignorance des lois universelles de l'homme et de la nature. Elles procèdent exactement comme le médecin qui conseillait à son malade de se faire crever un œil ou couper un bras pour fortifier la santé générale. Ces doctrines enseignent précisément le contraire de la vérité; elles ignorent cette loi universelle de la nature : que la perfection d'un ensemble vivant augmente avec celle des parties, et réciproquement, et que partout, soit dans le corps social, soit dans le corps humain, la force des unités subordonnées fait la force de l'unité plus générale qui les renferme.

III.

LE GENRE HUMAIN.

D. *Le genre humain est-il une unité naturelle?*

R. Oui, le genre humain est une unité naturelle. Il n'y a qu'une seule race humaine, qu'une
seule espèce humaine; les contradicteurs de cette
sainte vérité, écrite aussi bien dans les cœurs
que dans les livres saints, sont aujourd'hui dé-
mentis par la science.

D. *Les hommes ont-ils toujours connu cette
grande doctrine de l'unité du genre humain?*

R. La conscience et la raison l'ont toujours
enseignée, mais les hommes l'ont fort peu comprise et bien moins pratiquée. Dans toute l'antiquité les peuples appelaient barbares les étrangers; aujourd'hui, l'immense empire chinois
appelle barbare tout ce que n'enferme pas sa
muraille, et les missionnaires trouvent de pe-
es îles de l'Océanie dont les pauvres habitants

sauvages se croient les seuls habitants du globe, et ne veulent pas connaître le reste du genre humain.

D. *Depuis quand le genre humain a-t-il repris conscience de son unité?*

R. Depuis J.-C., qui nous a enseigné que nous sommes tous frères sans une seule exception.

D. *La raison ne l'aurait-elle donc pas enseigné avant J.-C.?*

R. Nous l'avons déjà dit, la conscience et la raison l'enseignaient ; un Romain, par exemple, a écrit : *Je suis homme, rien de ce qui est humain ne peut m'être étranger;* mais ces belles et passagères inspirations ne changèrent point la destinée du monde.

D. *Les premiers chrétiens ont-ils beaucoup mieux compris cette grande fraternité de tous les peuples?*

R. Sans aucun doute. Écoutez, par exemple, saint Paul : « Mystère du Christ, inconnu aux » générations précédentes, aujourd'hui révélé ; » les nations sont cohéritières, toutes les nations » sont un même corps et un même sang. »

D. *Mais l'Église catholique n'a-t-elle point perdu cette conscience, n'est-ce pas le XVIII° siècle philosophique qui l'a ranimée parmi nous?*

R. D'où croyez-vous que soient tirées les paroles suivantes : *O toi qui as donné à tes enfants ce globe pour le cultiver, fais qu'ils n'aient qu'un cœur et qu'une âme de même qu'ils n'ont qu'une seule demeure?* Ces paroles sont tirées du bréviaire catholique; tout prêtre doit les articuler, chaque semaine, au nom de l'Église catholique.

D. *Les hommes n'ont-ils jamais fait d'efforts pour réaliser cette grande unité?*

R. Dans l'antiquité, beaucoup de conquérants, tels qu'Alexandre et les Romains, ont voulu soumettre la terre entière; mais leur vue était fausse, parce qu'ils voulaient détruire les unités subordonnées : le globe ne peut former qu'une grande république fédérative, parce qu'aucun point de la surface d'un globe ne peut utilement devenir le centre politique du globe entier.

D. *N'a-t-on pas fait, depuis, des efforts plus heureux et plus intelligents?*

R. Les peuples chrétiens modernes, qui seuls sont en possession de la force sociale véritable, ont fait au moyen âge une admirable tentative dont les fruits subsistent encore et subsisteront toujours : l'Europe entière s'appelait la République chrétienne et formait en effet une sorte de république fédérative; il y avait un droit commun, une langue commune, un arbitrage international commun, et de grandes communautés d'entreprises. Au fond, l'unité européenne est encore aujourd'hui manifeste; et chacun sent qu'un esprit puissant, qui ne peut être que l'esprit de Dieu, travaille à reconstituer et à développer cette unité.

« *Ne formons plus qu'une seule famille de frères de tous les hommes et de tous les peuples*, disait-on au XVIIIe siècle; mais, comme on voulait opérer en dehors du christianisme, qui est le lien social, on a repoussé l'avenir, au lieu de le provoquer. On s'est déchiré, au lieu de s'unir : on a versé des flots de sang. Quand l'Europe sera redevenue chrétienne, on pourra faire un nouvel essai qui sera plus heureux.

D. *Vous dites que le christianisme est la force sociale, ou le lien social; qu'étaient donc les sociétés antérieures au christianisme?*

R. Les sociétés antérieures au christianisme étaient des sociétés de transition, ou des sociétés provisoires; la société chrétienne, c'est la société définitive. Ces sociétés étaient comme des essais de la nature, en attendant que Dieu eût donné au monde sa vraie base sociale. Toutes les sociétés antérieures à la société chrétienne, étaient comme les premiers organes caducs de la civilisation dans l'enfance.

IV.

LA PATRIE.

D. *N'y a-t-il pas aujourd'hui des philan-thropes ou socialistes qui veulent détruire l'idée de la patrie ?*

R. Oui, il y a des *socialistes* qui disent de la patrie précisément ce qu'ils disent de la vertu : la patrie n'est qu'un mot, la patrie n'est qu'un masque, comme ils disent la vertu n'est qu'un mot, la vertu n'est qu'un masque. Si quelqu'un vous tient ce langage, sachez que c'est un destructeur de la société.

D. *Qu'est-ce qu'une patrie ?*

R. Pour savoir ce que c'est qu'une patrie, il suffit de regarder la France.

Voici une terre entourée de trois mers, de deux chaînes de montagnes et d'un grand fleuve. Cette terre est la demeure naturelle d'un groupe d'hommes. Un grand peuple habite en commun ce pays : même loi, même langue, même histoire, même nom ; ce sont tous des Français, et, comme on l'a dit, le dernier valet de charrue, dans ce pays, est aussi fier d'être Français que le plus grand de ses concitoyens. Ce pays a un cœur comme le corps humain, et, dans les crises, on voit le sang naturellement affluer au cœur pour le défendre et augmenter par la concentration l'énergie des forces vitales. Ceux qui meurent pour le salut et l'unité de la patrie, on les glorifie comme des martyrs ; et chacun les imite, dès qu'il le faut.

D. Ce patriotisme ne serait-il point une illusion ?

R. L'ardent patriotisme des Français nous semble au contraire une inspiration de Dieu. Ce point du globe est le plus avancé de tous sous le rapport social, et, en même temps, sans nulle comparaison, le plus zélé pour l'apostolat et la propagande des idées. De sorte que celui qui verse son sang pour la France le verse réellement pour le progrès du genre humain et pour l'accomplissement de la volonté de Dieu sur la terre.

D. Pourquoi dites-vous que la France est le point le plus avancé du globe sous le rapport social, tandis que l'opinion publique européenne nous considère souvent comme un foyer de perturbation sociale ?

R. La France est le point le plus avancé du globe sous le rapport social : d'abord parce que c'est le pays du monde où règne la plus grande unité, jointe à la plus grande liberté individuelle. La formule de la perfection sociale est celle-ci : *Maximum d'unité sociale, uni au maximum d'individualité personnelle.* Ensuite parce que, de tous les pays du monde, c'est celui où règne la plus grande égalité, ou plutôt la moindre inégalité sociale, et où se trouve la plus grande tendance à la pratique réelle de la fraternité et à l'abolition définitive des castes.

D. *Pourquoi donc alors regarde-t-on notre patrie comme un foyer de perturbation sociale?*

R. Parce que le mal social est chez nous plus en évidence, par la lutte même que provoque l'énergie du bien. Le même mal dort plus formidable chez les autres peuples; chez nous, l'explosion se fait : le mal sort et se montre en sortant.

D. *Voulez-vous expliquer votre assertion?*

R. C'est un bien de vouloir le progrès social de toute sa force et d'y croire de tout son cœur. Beaucoup d'hommes parmi nous ont cette volonté et cette foi. Mais qu'en résulte-t-il? Il en résulte d'abord des luttes de précipitation et d'empressement; il en résulte des essais ruineux, des entreprises aveugles qui mènent aux précipices et aux abîmes.

C'est un bien que de proclamer ce qui doit être : par exemple, le devoir du riche et le droit du pauvre; mais c'est un mal au riche de combattre contre ces doctrines par égoïsme, et c'est un mal au pauvre de combattre par égoïsme pour ces doctrines. L'ardente et incomplète proclamation des devoirs et des droits anime les égoïsmes de part et d'autre, et sème la guerre.

Mais voici notre plus grand mal. Ce mal qui accompagne tout progrès et tout apostolat, c'est le fléau des faux apôtres : c'est l'existence des traîtres à la vérité sociale, des faux frères du progrès et des Judas de la fraternité. Il y a toujours à côté du Christ un inévitable Judas. Et les Judas sont d'autant plus mauvais que la vérité est plus près de sauver le monde.

Ces maux, qui résultent de notre force, donnent parfois à notre patrie l'apparence du pays le plus proche de sa ruine et de sa décadence sociale.

D. *Vous dites que la France est le pays qui s'approche le plus de l'idéal social :* maximum d'unité générale joint au maximum de liberté individuelle. *Mais pourtant d'autres pays ont plus de liberté individuelle et locale, tels que l'Angleterre et les Etats-Unis.*

R. Sans doute, mais nous voulons parler des deux conditions réunies. Les Anglais et les Américains ont plus de liberté individuelle, mais moins de force centrale et d'unité. A l'autre bout du monde, la Chine pousse la centralisation plus loin que nous, peut-être, mais elle n'a aucune liberté individuelle.

D. *Est-il bien vrai que la France soit le pays où règne la plus grande tendance à la pratique réelle de la fraternité?*

R. Il y a longtemps que l'on a fait cette remarque. Un auteur, du commencement du xviie siècle, en parlant des fruits de l'esprit de Dieu, dit que le plus beau de ces fruits est l'amour fraternel, et il affirme que la piété fraternelle est le trait distinctif du caractère français; il raconte que le cardinal Bellarmin, étant venu en France et mesurant la religion à la piété fraternelle, disait « qu'en voyant les Français, à peine si les Italiens lui semblaient encore catholiques. »

V.

LA FAMILLE.

D. *Qu'est-ce que la famille?*

R. L'humanité est la moisson de Dieu, et la famille est un épi dans la moisson.

D. *Expliquez-vous?*

R. Dieu veut si fortement la société qu'il a forcé les hommes à naître plusieurs en un. Il groupe plusieurs hommes, plusieurs cœurs, plusieurs âmes dans les bras d'un même père, et dans un même sein maternel, comme des grains de froment sur une même tige et sous l'enveloppe d'un même épi.

D. *Qu'est-ce que la famille dans la société?*

R. La famille est l'élément social ou l'unité intégrante du corps social.

La société n'est pas un corps simple dont les éléments soient des unités simples, c'est-à-dire des individus. La société est un corps composé, dont l'élément primaire est une unité composée, la famille.

D. *Que s'ensuit-il?*

R. Il s'ensuit que toute société est toujours très-exactement l'image en grand de la famille.

D. *Pouvez-vous le prouver par l'état du monde contemporain?*

R. Très-facilement. Il y a, tout bien compté, deux états de la famille et deux états de la société.

Il y a, d'une part, l'état de la famille et de la société chrétienne; d'autre part, l'état de la famille et de la société chez tous les peuples demeurés en dehors du christianisme.

D. *Quel est le caractère de la famille chrétienne?*

R. L'unité, l'indissolubilité.

D. *Quel est le caractère de la société chrétienne?*

R. L'unité, la force, la solidité, l'indissolubilité. Les peuples chrétiens forment une seule civilisation et marchent ensemble. La civilisation chrétienne est une civilisation invincible, qui ne mourra qu'avec le monde, de même que le lien conjugal, dans la famille chrétienne, ne peut être dissous que par la mort.

D. *Quel est le caractère de la famille en dehors du christianisme?*

R. La multiplicité, la mutabilité, l'instabilité.

D. *Quel est le caractère de la société non chrétienne?*

R. Toutes les sociétés non chrétiennes sont en dissolution, comme la famille.

D. *La société chrétienne est donc aujourd'hui la seule forte?*

R. La société chrétienne est aujourd'hui maîtresse du globe. Elle en peut conquérir toutes les terres et en occuper tous les points, au jour et à l'heure même qu'elle jugera convenable de choisir pour cette opération.

D. *D'où vient cette étrange supériorité?*

R. Elle vient de ce que la société chrétienne est seule organisée, tandis que les autres sont décomposées; et cela parce que la famille chrétienne est seule organisée, et qu'en dehors du christianisme la famille est décomposée.

VI.

LE PROGRÈS SOCIAL.

D. *Qu'est-ce que le progrès social?*

R. Le progrès social n'est autre chose que le progrès de la fraternité.

D. *En quoi consiste le progrès de la fraternité?*

R. Le progrès de la fraternité a lieu quand la société et les individus sont, de plus en plus, occupés d'une seule chose, savoir, de pourvoir aux besoins corporels, d'éclairer les esprits, de soulager les âmes de tous les membres souffrants de la famille.

D. *Le progrès social est-il possible, et les hommes ne seront-ils pas toujours égoïstes? Changera-t-on la nature humaine, et le monde n'ira-t-il pas toujours comme il va?*

R. Le progrès social est possible. En douter est un blasphème contre Dieu, contre la raison et contre l'Evangile. C'est, de plus, un démenti donné en face à l'histoire des peuples européens depuis la venue de Jésus-Christ.

D. *Quels progrès si grands ont donc eu lieu depuis ce temps?*

R. Pour n'en citer qu'un seul, l'abolition de l'esclavage est un progrès fondamental.

D. *Ce progrès n'était-il pas tout naturel et très-facile?*

R. Ce progrès dépassait les rêves des utopistes de l'antiquité, qui ne l'ont même jamais conçu. Tous les anciens, y compris les plus hardis génies, Aristote et Platon, par exemple, regardaient l'esclavage comme absolument nécessaire et comme éternellement fondé sur la nature des choses.

D. *Quels progrès reste-t-il à faire aux sociétés chrétiennes?*

R. Nous n'en citerons qu'un : l'abolition du paupérisme. Nous devons abolir le paupérisme comme nous avons aboli l'esclavage.

D. *N'est-il pas impossible d'abolir le paupérisme?*

R. Cela est impossible comme il l'était d'abolir l'esclavage. Cela est réellement très-difficile, et n'est en effet praticable qu'avec le secours positif de Dieu, notre Père tout-puissant. Il y a là une difficulté de l'ordre de celles dont Jésus-Christ a dit : « Cela est impossible; mais » ce qui est impossible à l'homme est possible » à Dieu. »

D. *Mais l'abolition du paupérisme n'est-elle pas contraire à l'esprit même du christianisme, et Jésus-Christ n'a-t-il pas dit lui-même : Il y aura toujours des pauvres parmi vous?*

R. *Il y aura toujours des pauvres parmi vous*, est une parole du Christ dont on abuse scandaleusement, et dont quelques personnes se servent pour effacer le reste de l'Evangile.

D. *Sauriez-vous nous prouver que cette parole est ordinairement mal comprise?*

R. Oui, et très-clairement. Cette parole du Christ est une citation d'un texte de Moïse. Ce texte est tiré du xvᵉ chapitre du Deutéronome, ⍭ 17. C'est donc là qu'il faut remonter pour en trouver le sens. Or, nous lisons dans ce même chapitre, huit lignes plus haut, les mots suivants : « O Israël ! tu ne devras souffrir en au-
» cune sorte qu'il y ait au milieu de toi un seul
» mendiant ni un seul indigent ; afin que le
» Seigneur ton Dieu te bénisse dans la terre qu'il
» va te donner. » Donc il est parfaitement clair que dans ce chapitre, selon le sens naturel des mots, on appelle *indigent* celui qui manque, *mendiant* celui qui demande, et *pauvre* celui qui n'a pas par lui-même. D'où il suit que, bien évidemment, il y aura toujours des enfants, des vieillards, des malades, des infirmes, des aliénés

qui n'auront rien par eux-mêmes; mais que le devoir des autres hommes est de pourvoir au besoin de ces pauvres avant qu'ils le demandent. C'est un devoir manifeste pour quiconque admet que tous les hommes sont frères; et c'est un double devoir pour le chrétien qui croit qu'outre sa conscience et sa raison, l'esprit de Dieu lui-même a dicté ces paroles : *Tu ne souffriras en aucune sorte qu'il y ait près de toi un seul mendiant ni un seul indigent.* Ces paroles, adressées aux juifs, s'adressent, à plus forte raison, aux chrétiens, puisque la loi chrétienne ne diffère de la loi judaïque que par une seule innovation : *Je vous donne un commandement nouveau*, dit Jésus-Christ, *qui est de vous aimer les uns les autres.* Donc, ce que les juifs devaient faire est trop peu pour les peuples chrétiens : ils doivent, sur ce point, innover et renchérir; ils ne doivent pas souffrir parmi eux « un seul mendiant ni un seul indigent; » c'est peu : ils doivent en outre appliquer cette parole non pas seulement aux besoins corporels, comme les juifs, mais encore aux besoins de l'esprit et de l'âme de leurs frères, besoins d'esprit et d'âme qui sont encore plus grands que ceux du corps.

D. *Cela est clair. J'admets donc comme possibles l'abolition successive du paupérisme et le progrès social comme il est défini. Mais par quels moyens réalisera-t-on ces progrès?*

R. Les moyens de réaliser le progrès social consistent d'abord à ne pas violer grossièrement les lois de ce progrès, et ensuite à faire des efforts positifs pour amener le triomphe de ces lois. D'abord donc éviter le crime, puis pratiquer la vertu sociale.

VII.

DES CRIMES SOCIAUX.

D. *Quels sont les crimes sociaux?*

R. Les crimes sociaux ne sont autres que les crimes ordinaires qu'ont de tout temps flétris et condamnés la raison et la loi de Dieu : d'abord l'homicide, ensuite le vol, puis l'adultère, le mensonge et le faux témoignage.

L'HOMICIDE.

D. *Chacun sait que l'homicide est un crime. Y a-t-il donc des sociétés qui le tolèrent?*

R. Sans aucun doute. Il n'existe encore aucun peuple qui l'ait complétement aboli.

D. *Dans quel but les lois ou la coutume tolèrent-elles l'homicide?*

R. Cela dépend du degré d'avancement de chaque peuple. Au plus bas degré de l'échelle sociale, les hommes se tuent les uns les autres

2.

pour se manger, ou pour se vendre, comme du gibier.

D. *Y a-t-il réellement de tels peuples?*

R. Oui, tous les peuples nègres, tous les Océaniens se font la chasse entre eux; ils mangent et ils vendent ce qu'ils prennent : aujourd'hui même, des peuples déjà sortis de l'état sauvage proprement dit, tels que les peuples du Fezzan, à l'est de l'Algérie, font, chaque année, une chasse qui leur rapporte quelquefois six mille prisonniers nègres qu'ils vont vendre en Égypte. Ces expéditions ne sont point des guerres, mais réellement des chasses; et elles portent ce nom; on les appelle la *chasse aux hommes.*

D. *Les peuples civilisés ne font-ils jamais rien d'analogue?.*

R. Les peuples civilisés, jusqu'au XIXᵉ siècle inclusivement, continuent à s'égorger entre frères, non pas pour se manger, mais pour se mettre d'accord, afin d'améliorer leur état politique ou social.

D. *Remarque-t-on que ce moyen contribue au progrès social?*

R. Non certes, et il est clair d'avance que ce moyen est toujours pour une société qui l'emploie un retour vers la barbarie.

D. *Les guerres civiles ne contribuent donc jamais au progrès social?*

R. Les guerres civiles entravent toujours le progrès social, lequel peut avoir lieu malgré les guerres civiles, mais retardé, diminué par elles.

D. *Tout soulèvement à main armée au sein d'une société est donc un mal?*

R. Tout soulèvement à main armée au sein d'une société est un mal, une faute, une folie et un crime.

D. *Quel est l'effet d'un soulèvement à main armée?*

R. L'effet d'un soulèvement à main armée est toujours, et sans exception, de retarder ou d'empêcher le triomphe de la cause pour laquelle il est entrepris.

D. *Que doit-on penser des guerres de barricades au sein des capitales?*

R. Il faut penser que quand elles servent, comme à Milan, à chasser une armée d'étrangers, elles sont légitimes et héroïques : c'est la guerre proprement dite; mais quand, au sein d'un peuple, un parti les érige contre un autre, le parti qui attaque travaille à sa propre ruine d'abord, puis à la ruine de la patrie.

D. *Que font donc ceux qui flattent les vain-*

queurs de ces guerres et les héros des barricades?

R. Ceux-là sèment la mort et le sang, trom-
pent le peuple, l'envoient à la boucherie, dé-
truisent le germe des progrès sociaux. L'homme
qui a montré du courage dans ces luttes fratricides, a été trompé dans l'emploi de son courage
et de sa force; c'est le plus à plaindre de tous
les hommes. Il croit mourir pour sa patrie et
meurt contre elle. Il frappe sa mère en pensant
la défendre.

D. *N'y a-t-il donc dans ces luttes fratricides
que des hommes égarés? N'y a-t-il jamais de
coupables?*

R. Nous ne parlons ici que des frères égarés;
les coupables, ce sont des étrangers à l'ordre
social, des étrangers à la conscience, à la raison et à l'honneur. Ce sont des méchants proprement dits. Il en sera parlé ailleurs.

D. *Vous condamnez donc tout soulèvement?*

R. Je distingue entre les soulèvements où l'on
tue et les soulèvements où l'on ne tue pas. Les
premiers sont toujours un fléau. L'homicide est
ce qu'il faut proscrire d'abord, partout, toujours. Pas de sang! jamais de sang! Voilà la
règle fondamentale.

D. *La révolte armée n'est donc jamais per-*

mise pour arriver à la liberté et parvenir au progrès politique ou social?

R. Jamais; et, entre autre raisons, par cela même qu'elle est un obstacle et non pas un moyen, et qu'il n'est pas permis, ou tout au moins qu'il est absurde, quand on veut arriver à un but, de prendre la voie qui en éloigne.

D. *Un peuple n'a donc pas le droit de secouer le joug d'un tyran?*

R. Je m'attendais à cette question. Mais je vous demanderai d'abord s'il n'est pas déplorable que nous soyons encore, presque tous, assez aveugles et assez grossiers, assez voisins de l'état sauvage, pour ignorer qu'il y a d'autres moyens de secouer un pouvoir tyrannique, que le fer et le feu!

D. *Vous admettez donc qu'on ait le droit de renverser un pouvoir pervers ou un tyran?*

R. Cela est bien entendu.

D. *Les catholiques admettent-ils cette doctrine?*

R. Assurément, puisque cette doctrine est celle de saint Thomas d'Aquin, le plus grand des théologiens catholiques. Saint Thomas d'Aquin dit nettement que les peuples ont le droit de destituer les rois (ce qui veut dire en général les chefs de l'État), lorsque ceux-ci abusent de leur pouvoir.

D. *Saint Thomas d'Aquin autorise donc la guerre civile?*

R. En aucune sorte. Il dit que le peuple a le droit de déposer et de destituer ses chefs; mais il ajoute, ce qui est évident, que dans l'exercice de ce droit il n'est jamais permis de procéder par violence privée, mais seulement par voie d'autorité publique.

D. *Quel est donc le moyen de secouer un pouvoir pervers ou injuste?*

R. Ce moyen, c'est le courage civil, et s'il s'agit des grands progrès sociaux, le courage religieux, la foi jusqu'au martyre.

D. *Mais quand un peuple n'a point de courage civil et n'a que le courage guerrier, que peut-il faire?*

R. Quand un peuple n'a pas de courage civil, il n'y a pas pour lui de progrès politique. Quand il n'a pas de foi, de courage religieux, il n'y a pas pour lui de progrès social. Ses prétendues conquêtes politiques ou sociales obtenues par la guerre, par le sang, par le fer et le feu, il les voit disparaître comme des fantômes entre ses mains. Les chartes sont modifiées, les mœurs ne le sont pas; la liberté ne grandit pas, et la fraternité recule, parce qu'elle voit partout des traces de sang.

D. *Citez un exemple d'un vrai progrès politique ?*

R. L'émancipation politique de l'Irlande. Le glorieux chef de ce mouvement, O'Connell, sans verser une seule goutte de sang, sans violer une seule loi, a obtenu pacifiquement, par un indomptable courage civil, ce que les plus sanglantes révoltes n'avaient jamais que reculé.

D. *Citez un exemple d'un vrai progrès social ?*

R. Il n'y a jamais eu dans le monde qu'un seul exemple d'un vrai progrès social. Pour qui connaît l'histoire, il est visible que toutes les sociétés antiques ont eu pour loi la décadence après un court progrès. Elles naissaient pour mourir, comme certains organes provisoires dans l'enfance naissent pour tomber.

La société moderne seule renferme en elle une force de progrès constante, au milieu des éléments corrompus qui fermentent toujours dans le monde. Le seul progrès réel qu'ait jamais fait la société, c'est la révolution amenée par le christianisme dans le monde romain et barbare.

D. *Par quel moyen le christianisme a-t-il opéré ce progrès ?*

R. Par le courage religieux et par la foi jusqu'au martyre.

D. *Comment cela ?*

R. Le Christ, en montant sur la croix, en offrant sa face aux soufflets, ses mains aux clous et son cœur à la lance du soldat, a enseigné aux hommes la seule voie du progrès social. Les chrétiens ont conquis le monde par cette manière toute nouvelle de combattre.

D. *Décrivez-nous en peu de mots l'histoire de cette lutte mémorable?*

R. Cette lutte, en effet, mérite d'être décrite. L'ancien maître du monde, César, soutenu de toute l'ancienne société, entre en lutte contre quelques hommes pauvres et ignorants du petit peuple, porteurs de l'Évangile. Ceux-ci annoncent qu'ils se soumettent complétement à César, et à toutes les lois de l'empire. Ils ne demandent qu'un droit, celui d'adorer Dieu selon la vérité et de proclamer l'Évangile. On leur refuse ce droit, ils le prennent; on les tue, ils meurent. Telle est la lutte, la même partout, à Rome, dans l'Orient, en Gaule, en Espagne, en Afrique.

La glorieuse armée des martyrs avançait, sans frapper, sans maudire, sur ceux qui les frappaient et qui les maudissaient. Ils se laissaient percer, couper, cribler, scier, déchirer et brûler, par les poignards, les haches, les flèches, les lances, les chevalets et les bûchers. Ils avançaient toujours, grandissant en courage, en décision, en enthousiasme, en nombre pendant qu'on les exterminait. A mesure que les derniers degrés de la fureur et de la rage s'exhalaient sur leurs membres, les martyrs grandissaient et avançaient sur ceux qui les frappaient, comme des êtres immatériels sur lesquels le fer ne peut rien. Ainsi luttaient les deux armées : les païens tuant avec rage, et chaque chrétien tendant la main, dans la mêlée, au plus proche ennemi : « Frère, disait-il, laisse là ton arme, elle ne peut rien ; vois ma main pacifique, donne-moi la tienne et viens vaincre avec nous. » Et beaucoup de païens, éperdus, confondus de cette manière inouïe de combattre, laissaient tomber leurs armes aux pieds des désarmés et passaient dans les rangs des chrétiens. Et l'armée pacifique croissait, croissait toujours, sous le fer qui la décimait, jusqu'au moment où toutes les armes tombent et où il n'y a plus qu'une seule armée.

Alors cette armée combinée de vainqueurs et de vaincus, s'assemble pour ensevelir les morts. Ceux qui les ont percés se frappent maintenant la poitrine, et baisent les restes inanimés de leurs ennemis renversés; ils enveloppent d'or et de soie leurs os sacrés, en construisent des autels au Dieu vivant, dans lequel vivent et dans lequel triomphent les morts vainqueurs en bénissant leurs ennemis vaincus.

Voilà la guerre sociale chrétienne et son in-faillible succès. La seule fois que le monde a été conquis, il l'a été pacifiquement et par la tactique de la croix.

D. *Pourquoi est-ce là la seule voie du progrès social?*

R. Parce que le progrès social c'est le progrès de la fraternité. Or, on n'établira jamais le règne de la fraternité que par la contagion de la fraternité. Ceux qui veulent la fraternité doivent débuter contre ceux qui n'en veulent pas, par être frères, même avec ces adversaires qui ne veulent pas être frères avec eux. « Il faut être un, comme dit Bossuet, même avec ceux qui ne veulent pas être un avec nous. »

D. *Le chrétien ne peut-il donc jamais combattre que par le martyre?*

R. C'est une autre question. La guerre étrangère est permise, la défense personnelle est permise contre l'agression d'un brigand; la défense sociale est permise contre l'assassinat social. Dans ce cas, c'est un assassinat qu'on évite, ce n'est pas un progrès obtenu. Le progrès ne s'obtient jamais que par une main, une bouche, une poitrine désarmée. Par exemple, dans une guerre civile, le martyre d'un évêque, s'avan-çant désarmé vers l'agresseur pour arrêter l'ef-

fusion du sang, ne peut pas ne pas être le germe
d'un progrès social pour la patrie et pour l'humanité.

Voilà l'unique et infaillible procédé du progrès social.

D. *Mais la révolution française n'a-t-elle pas
déterminé un immense progrès social sans employer ce procédé?*

R. La révolution française est l'effet de deux
causes. La première de ces causes, c'est l'esprit
de fraternité mis au cœur des peuples chrétiens
par l'Évangile. La seconde de ces causes, c'est
le procédé employé par les hommes de la révolution pour établir la liberté, l'égalité et la fraternité. De ces deux causes, la première pro-
duisait, la seconde détruisait : la première était
la force motrice, l'autre l'empêchement. Les
prétendus ministres de ce mouvement de Dieu
l'ont profané, l'ont renvoyé à d'autres générations. Les échafauds et les massacres de 93
sont encore aujourd'hui l'obstacle aux progrès de la liberté, de l'égalité et de la fraternité :
comme les bûchers de l'inquisition et les massacres de la Saint-Barthélemy sont encore aujourd'hui, parmi nous, le principal obstacle aux
progrès de la religion. Toute tache de sang est
pour une cause le plus grand des obstacles. Ceci
ne souffre jamais d'exception. Tout fratricide

est comme Caïn; il fuit. Toute cause soutenue par le fratricide est une cause mise en fuite, alors même qu'elle se croit triomphante.

D. *Mais si c'est la cause juste que l'on soutient par le procédé inverse de celui des chrétiens, c'est-à-dire par le fratricide, qu'arrivera-t-il?*

R. Il arrivera que la cause juste ne fera pas le moindre progrès et perdra du terrain, jusqu'à ce qu'elle soit soutenue par le procédé vrai.

D. *Quel est donc aujourd'hui notre premier devoir social?*

R. C'est de rayer absolument de nos pensées et de nos mœurs l'homicide et la guerre civile comme moyen de progrès social.

VIII.

LES CRIMES SOCIAUX. — LE VOL.

D. *Qu'est-ce que voler?*

R. Voler, c'est prendre le bien d'autrui.

D. *Que veut-on dire quand on dit : La propriété, c'est le vol?*

R. Je ne sais pas ce qu'on veut dire; je sais seulement qu'on dit le contraire de la vérité. Et, à ce sujet, je remarque que quelques écrivains contemporains, croyant, par ignorance, qu'il n'y a plus de vérités nouvelles à enseigner ou à mettre en lumière, adoptent, pour frapper les esprits, l'usage des contre-vérités, comme celles-ci : Dieu, c'est le mal. — La vertu, c'est le vice. — L'Être, c'est le néant. — La propriété, c'est le vol. — La religion, c'est l'athéisme. Toutes ces propositions sont réellement soutenues par divers écrivains. C'est ce qu'on appelle, en logique, des propositions contradictoires, qu'il est inutile de contredire, parce qu'elles se contredisent elles-mêmes.

D. *La propriété est-elle un véritable droit?*

R. La propriété est un droit comme la liberté, comme l'inviolabilité de la personne et de la famille : la propriété héréditaire est une condition de la famille : l'hérédité, comme on l'a dit, c'est la main du père tendue aux enfants à travers la pierre du tombeau.

De même que l'homme prend légitimement et nécessairement dans la nature des forces et des éléments qui deviennent son corps, de même le citoyen prend légitimement et nécessairement dans la société des forces et des éléments qui deviennent sa propriété. La propriété c'est l'emplacement social du corps et de l'activité de chaque homme.

Ce qu'un homme a pris dans sa main et transformé par le travail de sa bouche et de ses entrailles devient son corps. Ce qu'un homme a pris dans sa main et transformé par le travail de ses bras, de sa pensée, et la consécration de ses larmes et de ses sueurs, devient son bien et sa propriété. La propriété n'est pas plus l'égoïsme et le vol, que la chair, le sang, le corps ne sont l'égoïsme et le vol.

D. *Le communisme existe-t-il quelque part?*

R. Il y a une sorte de communisme dans les monarchies absolues. Ainsi, Louis XIV avait une tendance au communisme lorsqu'il écrivait ces mots pour apprendre à son petit-fils l'art de régner : *Souvenez-vous que tous les biens, tant ceux des églises que ceux des particuliers, vous appartiennent.* Ce monarque croyait, comme aujourd'hui beaucoup de socialistes, que tous les biens appartiennent à l'État, et que le chef de l'État peut en disposer à son gré pour le bien commun.

D. *Ceci n'était qu'une prétention sans conséquence : cette idée est-elle réalisée quelque part?*

R. Vers la fin de l'empire romain, à l'époque de la décadence, les publicistes admettaient qu'en principe, tout appartenait à l'empereur : *Tout ce que l'on a vient de lui,* disait Celse.

D. *Et dans les temps modernes?*

R. Dans les temps modernes, le pacha d'Égypte réalise presque cette utopie. Il est à peu près seul négociant et seul propriétaire foncier dans son royaume.

D. *N'y a-t-il point d'autres exemples de ce mode d'organisation sociale?*

R. Il y en a chez les peuples nègres, notamment chez les nègres de Dahomey. Le roi de Dahomey est réellement seul propriétaire de toutes les terres et de toutes les femmes. Pour labourer un champ ou épouser une femme, il faut obtenir du roi la femme ou le champ. Il faut payer pour la femme 20 mille cauris, et se prosterner trois fois, la face contre terre, devant le palais du roi.

D. *Ainsi, dans ce système, le roi ou l'État est seul propriétaire et seul époux. On ne possède et on n'épouse que par délégation?*

R. Précisément. Remarquez bien l'affinité naturelle qui existe entre l'abolition de la famille et celle de la propriété. Remarquez aussi que là où tous possèdent tout en commun, il ne s'ensuit pas, comme on pourrait le croire, que chacun possède tout; mais au contraire que chacun ne possède rien, et que, pour obtenir quelque chose, il faut toujours se prosterner, trois fois ou plus, devant le chef ou les chefs de l'État.

D. *Si, parmi nous, l'État possédait tout et devait donner à chacun, il faudrait donc toujours, pour obtenir, se prosterner devant quelqu'un?*

R. Comme vous le dites. Il y aurait toujours un, trois ou cinq Messieurs qui seraient les chefs de l'État, et il est clair qu'il faudrait toujours se prosterner, trois fois ou plus, devant un, trois ou cinq Messieurs.

D. *Le communisme n'est donc pas une liberté très-avancée.*

R. Le communisme c'est l'esclavage.

D. *Mais l'exemple du communisme de Dahomey est incomplet, puisque les nègres de Dahomey possèdent, du moins par délégation, et sont porteurs de numéraire. N'y a-t-il pas des exemples de communisme complet?*

R. Il y en a. Beaucoup de peuples océaniens, dont l'organisation sociale est encore de beaucoup inférieure à celle des peuplades nègres, pratiquent le communisme complet.

D. *Citez-en quelques exemples précis?*

R. Les citations seront longues, mais elles ne manqueront pas d'intérêt. Le communisme complet existe, entre autres lieux, à la nouvelle Calédonie, à Tonga, l'île des Amis, etc. Voici des extraits de lettres des missionnaires.

« La Nouvelle Calédonie est habitée par un peuple féroce et anthropophage. Mille causes et surtout la paresse réduisent les indigènes de la Nouvelle Calédonie à la plus extrême misère. C'est un peuple enfant et sans prévoyance. Ont-ils fait une récolte abondante, on dirait qu'elle leur pèse. Ils appellent des voisins de dix à douze lieues à la ronde pour s'en débarrasser plus vite, et leur festin dure autant que leurs provisions ; de sorte que pendant les trois quarts de l'année ils n'ont rien à manger. Leur nourriture consiste alors en quelques poissons, coquillages, racines et écorces d'arbres, quelquefois ils mangent de la terre, dévorent la vermine dont ils sont couverts, avalent avec gloutonnerie les vers, les araignées, les lézards...

» D'un autre côté, ce peuple en apprendrait souvent à nos plus habiles filous d'Europe : ils exécutent le vol avec une adresse surprenante.

» Les peuples de la Nouvelle Calédonie se distinguent par une grande hospitalité, qui fait que tout est en commun. Cette pratique paraît fort bonne, mais en réalité elle a de tristes conséquences ; car elle entretient ces peuples dans une incroyable paresse, en les portant à compter les uns sur les autres. Ils ne refuseront jamais ce que vous leur demandez, ce serait un crime ; ils accompagneront même leur don de paroles flatteuses, mais au fond de l'âme ils se dessaisissent à regret et parce qu'ils ne peuvent faire autrement.

» Ils mangent des hommes. J'ai vu, dit un missionnaire, de mes propres yeux, un morceau de chair humaine rôtie ; c'était un morceau de la main, et l'on avait eu soin de l'envelopper d'une feuille pour en mieux conserver le jus et l'odeur. Il n'est pas rare de fouler aux pieds les ossements de malheureux ainsi égorgés. Nos sauvages se font des guerres cruelles; et lorsqu'ils savent qu'un de leurs ennemis se rend dans quelque lieu, ils vont se cacher près de la route et se précipitent sur leur victime avec la fureur du tigre altéré de sang... C'est une victoire et un trophée pour eux d'avoir mangé un ennemi.

» La paresse semble être le défaut de prédilection des habitants du Tonga. Les naturels ne font d'autre travail que celui dont ils ne peuvent absolument se dispenser. Ils mangent très-peu ; de sorte que la nourriture d'un homme, en France, suffirait ici pour dix. Ils souffrent, mais ils aiment mille fois mieux souffrir la faim que supporter la fatigue.

» Ici la cuisine est en commun ; c'est assez d'apercevoir la fumée d'un banquet pour avoir le droit d'y prendre place. Quelqu'un prépare-t-il un mets, tout le quartier en est informé et il est de bon ton que celui-là seul qui l'a apprêté n'en goûte pas. Je vous ai parlé plus haut de l'empressement des naturels à offrir des fruits aux personnes qu'ils rencontrent sur leur route. Cette politesse, cette communauté de biens qui paraît si belle, est en réalité loin d'être utile.

Qu'en arrive-t-il? Chacun compte sur son voisin et personne ne pense à se pourvoir de ce qui lui est nécessaire. Ainsi, nos Kanacks vivent dans une funeste oisiveté et meurent souvent de faim dans une île si féconde, qu'un seul jour de travail par semaine suffirait à un père de famille pour nager dans l'abondance avec tous ses enfants.

» L'état habituel des peuples de l'Océanie est une extrême pauvreté, leur caractère dominant est l'indolence et la paresse ; l'usage le plus remarquable parmi eux est une hospitalité poussée si loin qu'elle ne trouverait de modèle dans aucune de nos contrées d'Europe.

» Une cabane n'est pas toujours habitée par une seule famille, car tous ne se donnent pas la peine de bâtir. Il est beaucoup d'indigènes qui vont sans façon s'installer chez leurs parents ou leurs voisins dont ils partagent les vivres, s'il y en a, aussi bien que le couvert ; chose qui doit vous sembler étrange en France, mais jamais ne souffre ici difficulté......

» La vie serait ici assez facile, mais pour cela il faudrait un certain travail et surtout un certain ordre économique ; ce à quoi les indigènes ne peuvent se résoudre, soit à cause de leur indolence naturelle, soit à cause de leur système d'hospitalité, soit en un mot parce qu'ils sont des sauvages. En somme les aliments sont rares dans ces régions, au point que le sentiment de mes confrères comme le mien est que les rois de ces archipels croiraient vivre dans l'opulence s'ils pouvaient faire, toutes les vingt-quatre heures, un repas comme celui qu'on fait en Europe avec des pommes de terre. S'il en est ainsi des rois, vous comprenez quel est le sort du peuple. La faim est réellement son plus grand fléau, et nous sommes convaincu qu'elle abrège la vie d'un grand nombre de Kanacks.

» Cette extrême indigence des peuples de l'Océanie ne vient pas de la stérilité du sol. Elle ne vient pas non plus de la stupidité des habitants...... Cette pauvreté, cet état habituel de famine sont, comme je l'ai déjà insinué, le résultat de la paresse et le fruit d'une hospitalité qui dégénère en spoliation.

» La paresse va si loin chez les naturels, qu'ils sont couchés au moins la moitié du temps; ils passent le reste assis, même pour cultiver la terre. On ne les surprend jamais debout, sinon quand ils marchent, et ils ne font jamais un pas dans le simple but de se promener. Si vous entrez dans une case, vous trouvez toute la famille désœuvrée et très-souvent endormie. On se réveille pour vous recevoir, mais on ne se lève pas toujours, ou l'on se recouche avant la fin de la visite. Viennent-ils vous voir, il leur arrive assez souvent de se coucher chez vous et même de s'y endormir jusqu'au lendemain. Trouver cela inconvenant serait vouloir passer pour un homme mal élevé. Quand on vous fait grâce du sommeil, on vous dit du moins en partant que l'on va se coucher, et, dans le bon genre, vous devez répondre que c'est bien. La formule ordinaire de politesse est, en abordant quelqu'un, de lui dire : Courage à dormir.

» L'hospitalité, placée chez nous au rang des vertus chrétiennes, ne mérite pas ici ce nom ; car, outre qu'elle n'est pas dans le cœur, elle est évidemment opposée au bien-être de la société, et entraîne après elle tout un cortége de vices ayant à sa tête cette incurable paresse dont je viens de vous entretenir. Il est vrai qu'elle ne fait qu'une seule famille de ces grandes populations, qu'elle unit même une île à l'autre, mais cette famille ne ressemble guère à celle dont il est parlé dans les Actes des Apôtres. C'est une vaste communauté où tout le monde a le droit de prendre, et où personne ne se met en devoir d'apporter. Dans le fait, c'est moins l'hospitalité qu'une mendicité générale, autorisée par les idées du pays, ou si vous aimez mieux, c'est le droit de vivre aux dépens des autres. Les maisons, les comestibles, les ani-

maux, les enfants, les objets quelconques, bien
que censés appartenir à des propriétaires spé-
ciaux, font cependant en réalité le domaine
public. Un homme bâtit une case pour lui et sa
famille, un autre veut s'y loger aussi, il le peut
en vertu des droits de l'hospitalité. Celui qui
prépare son repas est obligé de le partager avec
tous ceux qui se présentent, et si le nombre des
bouches est trop grand, c'est lui qui doit rester
à jeun. Vous êtes possesseur de quelque objet,
on le voit, on le regarde, et dès lors il est acquis
au spectateur; vous devez le lui offrir en vous
excusant du peu, et votre offre ne sera jamais
refusée. Un père, une mère ont des enfants;
on les leur demande, il faut les céder, et ainsi
du reste. Cela se passe journellement, à la première rencontre, sur les chemins, dans les réu-
nions, le tout avec une adresse, une courtoisie
admirables.

» Voilà ce qui se pratique entre égaux; à
l'égard des chefs il faut bien un petit supplément. Ceux-ci décident, de plus, de la vie de
leurs sujets, qu'ils peuvent faire assommer au
gré de leurs caprices pour des fautes qui souvent mériteraient à peine, selon nous, une lé-
gère réprimande, et, bien que les idées reli-
gieuses aient déjà beaucoup modifié, même chez
les infidèles, ce despotisme atroce; il s'est néan-

moins présenté plusieurs cas de ce genre à
Tonga. Ces chefs disposent des bras des hommes pour les employer à leurs plantations et à
leurs embarcations, etc....., bien entendu que
les travailleurs rentrent le soir à jeun dans leurs
cases où ils ne trouvent rien à manger. Les
femmes et les filles sont la propriété des chefs
qui en disposent soit pour eux-mêmes, soit
pour les étrangers, à qui ils les vendent ou les
donnent.

» Un tel régime est loin de pourvoir aux besoins de la partie faible de la société. Sous
l'empire de cette loi qui consiste seulement dans
l'obligation de donner, quoiqu'à regret, à ceux
qui viennent demander, on n'est nullement tenu
de porter secours à ceux qui ne peuvent venir,
d'où il résulte que les malades et les vieillards
restent dans un état plus ou moins complet
d'abandon. Voilà surtout ceux dont la faim hâte
les derniers moments.

» A l'archipel des Amis, la génération qui a
vécu naguère de la chair de ses semblables, est
loin d'être éteinte, et c'est tout récemment que
nous avons pu obtenir de nos néophytes l'aveu
que dans leur jeunesse ils se faisaient la chasse
les uns aux autres pour se manger. Les lieux
où se passaient les scènes les plus solennelles de

cannibalisme, sont encore dans ce moment couverts d'ossements humains......

» On a vu à l'île des Archipels, il n'y a pas plus de sept ans, une ville du parti infidèle, Houlé, prise d'assaut, et les vainqueurs, quoique tous protestants, et en cette qualité censés plus humains, après avoir tué toutes les grandes personnes, se firent un jeu de jeter les enfants en l'air et de les recevoir sur la pointe des lances et le tranchant des haches.

» Tout étranger qui vient aujourd'hui se fixer parmi ces peuplades a le choix entre deux partis : ou d'entrer dans la communauté dont je viens de parler, ou de se traiter lui-même à ses frais, comme on le ferait en Europe. Celui qui ne possède rien, comme sont quelques matelots échappés des navires ou des naufrages, ne peut qu'embrasser le premier; il y gagne tout ce qu'il reçoit, mène une vie vagabonde pêle-mêle avec les naturels, se faisant leur valet, adoptant leurs mœurs, leurs usages, partageant avec eux la nourriture et la faim, le bien et la misère. Pour celui qui a des ressources, il peut se loger et vivre à ses dépens, comme font les ministres protestants et quelques industriels qui viennent exploiter le commerce de ces îles.

» Quelque bienveillants que vous supposiez les insulaires, voire même nos néophytes, ils

ne croiront jamais devoir nous traiter beaucoup
mieux qu'eux-mêmes. Ils nous logent dans de
petites cases en conservant l'usage d'y venir
passer une partie du jour et de la nuit, s'ils le
jugent à propos; c'est le genre du pays. Ils partagent avec nous le peu de nourriture qu'ils
peuvent avoir; bien entendu que nous leur ren-
dons la pareille quand nous pouvons nous en
procurer, soit à bord des navires, soit par le travail de nos mains. Pour eux, quand ils man-
quent de vivres, ce qui arrive au moins la moitié
du temps, ils prennent le parti de courir les bois
à la recherche des fruits et des plantes sauvages,
flânant partout, vivant de rapines et de kava,
jeûnant souvent plusieurs jours de suite, se cou-
chant pour moins sentir la faim, et ne se rele-
vant que pour se livrer à de nouvelles investi-
gations. Rien de plus commun ici que de ren-
contrer des bandes d'affamés rôdant et furetant
pour trouver une pâture. Si l'un de nos néophytes nous envoie quelques ignames, le panier
est ordinairement suivi d'une troupe d'insulaires,
et chacun convoite sa part des vivres. Même
scène si l'on fait cuire à la maison. Il faut en
faire immédiatement la distribution aux visi-
teurs, sous peine de perdre les sympathies en
violant la coutume du pays. Heureux quand nous
pouvons sauver notre petit morceau...

» Ces sauvages ne raisonnent pas. Sans souci du lendemain, ils n'ont pas même la conscience de leur misère actuelle; aussi, n'en sont-ils ni plus tristes ni plus abattus, et, malgré tant de souffrances, ils ne laissent pas d'organiser très-souvent des fêtes, des chants, des danses, des orgies incroyables.

» D'après l'usage du pays, tout étranger qui se place sous la protection d'un kanack entre par là dans la condition des indigènes, c'est-à-dire qu'il met à la disposition de ce chef son avoir, sa personne, pour en recevoir en échange la liberté de vivre comme les autres, c'est-à-dire comme il pourra. On a beau proposer aux naturels des conditions intermédiaires entre les systèmes de communauté et d'indépendance, ils les acceptent sans y comprendre grand'chose, et ils en reviennent toujours à leur routine.

» Le caractère d'avidité est partout le même en Océanie. Les prétentions de ces hommes impérieux ne se bornent pas à l'usage de tout ce que nous avons, elles s'étendent jusqu'à nos personnes. Il faut que nos frères soient leurs domestiques, et nous-mêmes nous avons besoin d'adresse et d'énergie pour ne pas nous abaisser en leur faveur à des fonctions indignes de notre ministère. »

D. *Assurément ces faits, qui sont contempo-*

rains, ne sont point favorables aux doctrines communistes. Il en résulterait que le communisme consiste à mourir de faim et à se manger les uns les autres.

R. C'est du moins, comme vous voyez, ce qui résulte des faits connus.

D. *N'en pourrait-il être autrement?*

R. Il n'arrivera jamais qu'un homme ou un peuple travaille s'il ne doit récolter. Un peuple n'est pas une ruche, l'homme n'est pas une abeille. Les abeilles travaillent, quoiqu'un autre récolte. C'est qu'elles travaillent nécessairement et par un instinct invincible, sans prévoyance ni liberté. Mais l'homme est libre et prévoyant; il travaille quand il doit récolter, sinon, non.

D. *N'y a-t-il jamais d'exception à cette règle?*

R. Il y a le très-petit nombre d'enfants de Dieu dans lesquels l'égoïsme est éteint, et qui donnent avec un désintéressement complet leur temps, leurs forces, leur travail et leur sang pour le bien de leurs frères. Ceux-là sont devenus abeilles intelligentes et libres, en s'élevant vers Dieu. Ils travaillent comme des abeilles, sans récolter.

D. *N'y a-t-il donc aucun exemple de communisme complet et pratiqué avec succès?*

R. Il y a l'exemple des ordres religieux.

D. Cet exemple n'est-il pas un fort argument en faveur du communisme?

R. Nullement; car la communauté religieuse n'existe qu'entre célibataires, et suppose l'absence de la famille. Il y a une corrélation nécessaire entre la suppression de la propriété et celle de la famille.

D. N'y a-t-il jamais eu d'essai de communisme entre des groupes de familles?

R. Il y a eu l'essai de communauté pratiqué entre les fidèles de la primitive Église à Jérusalem; mais, malgré la vertu idéale des premiers chrétiens, cette forme n'a duré pour ainsi dire que quelques jours.

D. N'y a-t-il jamais eu depuis ce temps d'autre essai du même genre?

R. Il y en a aujourd'hui même un exemple en Europe, celui des Frères moraves ou *Hernhutters,* appelés d'abord les *Frères de l'unité.* Voici ce que nous lisons à leur sujet dans le *Dictionnaire historique :*

« Leur association est une espèce de république où les intérêts individuels le cèdent aux intérêts généraux. Ils obéissent à des anciens, ou chefs ecclésiastiques, qui règlent tous les actes de leur vie civile. La surveillance de ces chefs s'étend jusque sur la vie privée. Ils prési-

dent à l'éducation physique et morale des enfants, infligent les pénitences, prononcent les
exclusions, marquent le rang à chacun des
frères dans l'une des trois classes qui composent
la communauté : les commençants, les progres-
sifs et les parfaits. »

D. *Je ne vois là qu'un couvent de familles
associées qui sacrifient leur liberté par enthousiasme religieux.*

R. Précisément.

D. *Que concluez-vous de ces exemples?*

R. J'en conclus que les extrêmes se touchent,
et qu'il y a deux espèces de communisme. Le
communisme des premiers chrétiens de Jérusalem, que j'appelle le *communisme où chacun
donne*, et le communisme des sauvages, que
j'appelle le *communisme où chacun prend.*

D. *Quel est le communisme que l'on voudrait
établir parmi nous?*

R. Je vous laisse à le juger vous-même.

D. *N'y a-t-il point de communistes sincères
qui voudraient établir le communisme où chacun donne, le communisme des premiers chrétiens?*

R. Il doit nécessairement y avoir de tels communistes.

D. *Ceux-là n'ont-ils aucune chance de succès et aucun espoir d'être utiles?*

R. Cela dépend du procédé qu'ils emploieront.

D. *Y a-t-il donc plusieurs procédés?*

R. Oui; de même que dans les luttes sociales il y a deux procédés : celui du Christ et des martyrs, qui consiste à donner son sang et à ne jamais prendre celui des autres, et le procédé inverse, le fratricide, procédé de Caïn et de ses fils; de même pour établir la fraternité dans la richesse, il y a les deux procédés analogues, le vol et le don. Il y a le procédé qui consiste à donner son bien et à ne jamais prendre celui des autres, et il y a le procédé inverse, celui des voleurs de tous les temps et de tous les lieux.

D. *Qu'obtiendrait-on par le dernier procédé?*

R. Le dernier procédé, qui renferme les pillages à domicile, les contributions forcées, les expropriations en masse par législation révolutionnaire, s'il était appliqué parmi nous quelque temps, serait la honte et la ruine publique, reculerait et refoulerait pour des siècles les idées généreuses, les sympathies des cœurs qui espèrent et qui veulent plus de fraternité dans l'usage des richesses; car, ainsi que nous l'avons dit, le procédé inverse du procédé chrétien est toujours, sans aucune exception, un obstacle à tout progrès social. Procéder par violence et contrainte, c'est reculer; procéder par amour et par liberté, c'est toujours avancer.

D. *Que si les communistes procèdent par liberté et par amour, qu'obtiendront-ils?*

R. Quiconque procédera par liberté et par amour produira toujours quelque bien. D'abord si l'on renonce, je parle de ceux qui ont besoin d'y renoncer, si l'on renonce au vol, à la violence, au fratricide, on passera soi-même du crime à l'honnêteté, et ce sera un fort grand progrès. La patrie gagnera des citoyens de plus et aura des destructeurs de moins.

D. *Que doivent donc faire les communistes convaincus?*

R. Qu'ils cherchent à faire des prosélytes, qu'ils pratiquent entre eux leurs doctrines; ils ont le droit de parler et d'agir. S'ils convertissent le monde, personne n'aura plus rien à dire; s'ils veulent s'imposer par contrainte, ce sont des malfaiteurs.

D. *Les communistes ont donc le droit de prêcher leur doctrine, et de pratiquer leur doctrine entre eux?*

R. Sans aucun doute.

D. *Ont-ils le droit de l'imposer par violence matérielle ou par contrainte légale?*

R. En aucune sorte.

D. *Qu'y a-t-il de vrai dans le communisme?*

R. Puisque toute erreur est une vérité dont on abuse, il doit y avoir au communisme un prétexte ou un côté vrai.

D. *Quel est ce côté vrai?*

R. C'est que nous sommes tous frères; qu'é-tant tous frères nous devons parvenir à un usage plus fraternel de la richesse et de la propriété.

D. *Quel serait l'usage fraternel de la ri-chesse et de la propriété?*

R. L'usage fraternel de la propriété consiste-rait à pratiquer cette énergique définition de la richesse, donnée par les moralistes chrétiens : «Les riches, ce sont les administrateurs du bien des pauvres.» Si cela est vrai, celui-là est coupable, devant Dieu et devant les hom-mes, qui emploie ses richesses à vivre dans la paresse et dans la volupté. Celui-là seul est dans le vrai, qui se regarde comme un comptable de son bien. La richesse est une fonction. L'u-sage fraternel des richesses consiste à ne plus souffrir désormais qu'il y ait parmi nous un seul mendiant ni un seul indigent — c'est peu — à ne plus souffrir désormais qu'il y ait parmi nous un seul esprit sans instruction et sans lumière, ni un seul cœur sans espérance, ni une seule âme sans Dieu; et cela dans notre patrie d'abord, puis dans le monde entier. Le riche, s'il veut être un riche légitime, et non pas un comptable déshonoré, doit employer ainsi sa richesse et son temps.

IX.

D. *En quoi l'adultère est-il un crime social?*

R. En ce que l'adultère tend à décomposer la famille. Or, attaquer la famille, c'est attaquer la société, car la famille est l'élément social. Telle famille, telle société.

D. *Qu'est-ce donc que l'adultère en général?*

R. L'adultère est le crime qui attaque l'unité et l'indissolubilité de l'union entre l'homme et la femme. Or cette unité et cette indissolubilité est la loi éternelle et la condition nécessaire de l'élément social tel que Dieu l'a constitué.

D. *Qu'est-ce que le divorce?*

R. Le divorce c'est l'adultère légal, ou, si vous aimez mieux, c'est la polygamie successive.

D. *D'où tirez-vous cette doctrine?*

R. De l'Évangile.

D. *Quel est le texte?*

R. Le voici : « Quiconque renvoie sa femme

et en épouse une autre commet un adultère. »

D. *Qu'est-il résulté de cette doctrine chez les peuples chrétiens?*

R. Il en est résulté que chez les peuples chrétiens le mariage a été réellement indissoluble. C'est le premier exemple de l'unité et de l'indissolubilité du mariage réalisées dans une grande société, et il se trouve, comme cela doit être, que cette société est la seule forte qu'ait vu le monde. Il n'y a jamais eu qu'une seule civilisation proprement dite, c'est la civilisation chrétienne. L'avénement du christianisme dans le monde a été l'avénement de la force sociale; et le christianisme a incarné cette force dans les peuples modernes, en constituant la société élémentaire ou primaire, qui est la société de l'homme et de la femme, ou la famille.

D. *Comment ne sait-on pas plus généralement ces choses?*

R. Parce qu'on a des yeux pour ne pas voir. Ces grands faits de l'histoire du monde sont aussi visibles que la forme des continents sur le globe.

D. *Qu'arrivait-il avant le christianisme et qu'arrive-t-il aujourd'hui en dehors du christianisme aux peuples chez lesquels la famille n'est pas constituée?*

R. La famille n'est constituée chez aucun peuple, excepté chez les peuples chrétiens; et, puisque la famille est l'élément social, il s'ensuit, on ne peut trop le répéter, qu'il n'y a de société proprement dite chez aucun peuple, excepté chez les peuples chrétiens. Le reste n'est qu'une masse humaine en dissolution.

D. *Comment expliquez-vous cette influence de l'état de la famille sur l'état de la société?*

R. Quand la famille n'est pas, l'individu n'est rien et n'a aucune valeur. Quand la famille n'est pas, la femme n'est rien. Qu'est-ce qu'une société où la femme n'est rien? Là où la femme n'est rien, comment l'homme serait-il quelque chose? Là où la femme n'est rien il n'y a pas de mère; là où il n'y a pas de mère il n'y a pas d'homme.

D. *Cette dernière assertion plaît d'abord ; mais n'est-elle pas nouvelle et poétique?*

R. Elle est fort ancienne et très-orthodoxe, car je la trouve dans l'Ancien Testament : « On a cessé de voir de vaillants hommes dans Israël : il n'y en avait plus, jusqu'à ce qu'il se soit élevé une mère dans Israël. »

D. *Ce texte des livres saints est très-beau, mais se vérifie-t-il toujours?*

R. Toujours. Or, il n'y a de mère que chez les peuples chrétiens.

4.

D. *Prouvez-moi qu'il n'y a point de mère en dehors des peuples chrétiens?*

R. Parcourons les différents peuples du monde : aux Indes, le fils vend sa mère et la prostitue : donc celui-ci n'est pas fils et celle-là n'est pas mère. A Java, le fils adulte ne paraît plus devant sa mère parce que le père craint un rival dans son fils : donc celui-ci n'est pas fils et celle-là n'est pas mère. En Chine, de fait et de droit, la plupart des mères ne sont point regardées comme mères de leurs enfants ; elles en sont les esclaves : donc elles ne sont pas mères. Il en est ainsi chez tous les peuples sauvages d'Afrique, d'Amérique, d'Océanie. Partout les fils frappent, insultent, méprisent, vendent comme esclave ou comme prostituée la femme qui leur a donné le jour ; et on voit des anthropophages frapper, couper et dévorer leur mère. Cela est historique et contemporain, quoique invraisemblable et en apparence fabuleux.

D. *D'où viennent toutes ces horreurs?*

R. De l'abrutissement de la débauche, qui est en possession de dissoudre tous les peuples autres que les peuples chrétiens, lesquels, malgré leurs prévarications, renferment encore dans leur sein l'élément de la chasteté.

Je ne crois pas exagérer en affirmant que tous les peuples non chrétiens sont une masse en putréfaction. Et les preuves de cette assértion sont telles qu'il n'est pas même possible de les articuler.

D. *Que s'ensuit-il ?*

R. Il s'ensuit que le travail, la ténacité, l'espoir et la volonté du progrès, le courage, l'inspiration et le génie, toute force sociale, en un mot, est éteinte chez ces peuples. Ils dorment dans la volupté; et les fortes races chrétiennes, dont le sang a été consacré et pénétré d'une énergie incalculable par la chasteté du moyen âge, dominent ces peuples comme l'homme gouverne les animaux. Aux Indes un capitaine anglais, avec une compagnie de soldats, gouverne en maître absolu des millions d'hommes, et y exerce le droit de vie et de mort sans révision et sans contrôle. La compagnie des Indes, avec vingt mille homme de troupes anglaises, gouverne cent millions d'hommes.

D. *Je comprends maintenant que la débauche est un crime social ?*

R. Je m'étonne que vous ne l'ayez pas compris plus tôt.

D. *Que doivent donc faire les peuples chrétiens, dans leur soif de progrès social, pour avancer véritablement ?*

R. Ils doivent, de toutes leurs forces, augmenter la solidité, l'unité, l'indissolubilité, la

sainteté de la famille, qui est l'élément social
et le gouvernail secret de toute la société.

Les peuples du schisme grec, Grecs et Slaves,
doivent renoncer à leur divorce, qui est pour
moitié dans leur décadence sociale; les protestants doivent renoncer à leur divorce, loi funeste qui n'a pas sensiblement attaqué l'Angleterre, parce qu'elle n'y est pratiquée que par
un petit nombre de riches, mais qui devient
dangereuse en Prusse, parce que la pratique
en est plus générale. Les Polonais enfin ne
se relèveront qu'en renonçant à deux choses
qui les tuent, le servage et la pratique habituelle et frauduleuse du divorce. Les peuples
catholiques, de France, d'Italie, d'Espagne et
la moitié catholique de l'Angleterre, ont à rem-
plir un premier devoir s'ils veulent conduire le
monde à ses grandes destinées, c'est de raffer-
mir et de régénérer leurs mœurs; c'est de glo-
rifier la famille, de détruire la débauche, l'adultère et la prostitution. La vertu donnera aux
nations plus de force et d'élan que l'érection des
barricades, que l'explosion des guerres civiles
et que l'égorgement mutuel des frères.

Avec la vertu vient la force, le génie, le dévouement, le désintéressement, l'abondance, la
liberté, la gloire et le progrès.

Qu'on le sache bien : la vertu seule, qui consiste à fouler aux pieds les deux formes de l'é-goïsme, l'orgueil sa forme élevée, et la sensualité sa forme basse, la vertu seule fait jaillir l'amour fraternel du sein de l'égoïsme vaincu.

X.

LES CRIMES SOCIAUX. — LE MENSONGE ET LE FAUX TÉMOIGNAGE.

D. Pourquoi dites-vous que le mensonge est un crime social?

R. Parce que le mensonge est fils de l'orgueil et que l'orgueil est l'une des deux formes de l'égoïsme.

D. Dans quel cas le mensonge est-il surtout désastreux pour la société ?

R. Dans le cas du mensonge public pratiqué la plume à la main.

D. Qui pratique ce mensonge?

R. Un très-grand nombre de littérateurs.

D. Les littérateurs sont donc très-dangereux?

R. Les littérateurs, qui sont les rois de l'opinion, quand ils ne sont pas purs, dévoués et saints, sont dangereux au même titre que des rois fourbes et corrompus.

D. *L'Évangile fait-il allusion quelque part au crime du mensonge littéraire?*

R. L'Évangile nous montre le Christ, c'est-à-dire l'éternelle vérité, combattu, repoussé, calomnié, condamné, crucifié par deux espèces de menteurs, par les hypocrites de ce temps appelés *pharisiens* et par les lettrés nommés *scribes*.

D. *Pour ne parler que des lettrés, sont-ils encore aujourd'hui contraires à l'éternelle vérité?*

R. Oui, beaucoup d'entre eux l'altèrent par le mensonge ou la combattent directement.

D. *Exercent-ils beaucoup d'influence?*

R. Une très-grande influence, parce qu'ils ont en main le journalisme, qui est, dans la société moderne, un pouvoir public organisé et inviolable, aussi puissant au moins que l'ensemble du gouvernement, pouvoir exécutif, législature et administration réunis.

D. *Comment les lettrés abusent-ils de ce pouvoir?*

R. Ils en abusent en le faussant par le mensonge.

D. *Quelle est la forme de mensonge habituelle au journalisme?*

R. C'est le faux témoignage sur les événements contemporains et quotidiens.

Un journal coupe l'histoire contemporaine en deux : il prend l'une des moitiés et jette l'autre. Il présente, avec emphase, le côté favorable à sa cause, et ne dit jamais un seul mot de l'autre.

D. *Mais cela n'est pas précisément mentir; c'est dissimuler : le journal dit certaines vérités et ne dit pas les autres, voilà tout.*

R. Vous vous trompez : il vous présente la moitié des faits, vous cache l'autre très-soigneusement, et il vous dit : ceci est l'ensemble des faits. C'est là le mensonge proprement dit.

D. *Mais si le journal du parti opposé en fait autant, il suffit de réunir toujours les deux journaux contradictoires pour avoir l'ensemble des faits.*

R. Pas absolument, parce que ces deux journaux, pris ensemble, vous présentent la vérité coupée en deux, et d'ordinaire la vérité coupée en deux n'est pas plus la vérité vraie, qu'un corps humain coupé en deux n'est un homme vivant. Pour rapprocher les deux moitiés du vrai, séparées à dessein, et faire revivre le tout, qui est la vérité, il faut un soin, une attention, une critique et un discernement que presque aucun lecteur ne peut y consacrer.

D. *Qu'en résulte-t-il?*

R. Que, par le fait, la partialité mensongère

des journaux partage un peuple en deux moitiés, dont l'une voit blanc et l'autre noir en face du même objet.

D. *Qu'en résulte-t-il encore?*

R. La colère, la défiance et la haine; la lutte, la guerre, le fratricide.

D. *Mais alors le mensonge littéraire est donc bien criminel?*

R. Il n'y a pas de plus grand crime social: c'est un poison public qui enivre les frères et qui les pousse à s'égorger.

D. *Et quand ils ne s'égorgent pas?*

R. Quand ils ne s'égorgent pas, ils consument leur feu et leurs forces dans un perpétuel pugilat de paroles, d'opinions, d'efforts et de tendances contraires; et l'on voit les plus vigoureuses nations, coupées en deux, animées dans leurs deux côtés d'impulsions égales et contraires, tourner sur elles-mêmes pendant de longues séries d'années, sans avancer d'un pas dans la voie du progrès social.

D. *Quel est le remède à ce mal?*

R. Je ne vois de remède à ce mal que dans une autre législation sur la presse, soutenue d'autres mœurs littéraires.

D. *Comment concevez-vous le changement des mœurs littéraires?*

5

R. Le voici. La presse est le dernier venu des pouvoirs sociaux; des deux autres, l'un remonte à l'origine du monde, l'autre à la naissance du Christ; le troisième, impossible avant l'imprimerie, n'est consacré en France, organisé et inviolable que depuis soixante ans. Ce pouvoir est un pouvoir de fait depuis la mort de Louis XIV. Sous Louis XIV, le génie, la raison, la science ont mérité le sceptre du monde et ont donné aux lettres la force de le prendre. Les lettrés du xviiie siècle, les premiers, ont pris ce sceptre pour gouverner; mais, comme leur caractère et leurs mœurs n'étaient pas à la hauteur de leur talent et de leur esprit, leur règne n'a été qu'une *régence* littéraire et une orgie comme celle de la régence et de la royauté de ce siècle. On dirait que les lettres, par l'impulsion presque divine imprimée au xviie siècle, sont parvenues, au xviiie siècle, à l'âge de puberté et de fécondité sociale. Arrivées là, elles ont agi comme la plupart des hommes; elles ont commencé par l'abus, par la débauche, et cette ère de débauche dure encore. Or, de même qu'on a vu de jeunes hommes revenir à l'ordre et à la gravité virile, à la chasteté conjugale, par conviction morale et par foi religieuse, de même il est possible qu'un jour, et bientôt, l'esprit français, dégoûté d'une débauche sé-

culaire, couronnée par l'orgie de ces dernières
années, se réveille dans sa noblesse, sa dignité,
comprenne enfin qu'il est pontife et roi, et re-
demande des inspirations à Dieu pour gouverner la terre.

D. *Cette conversion des lettrés serait en effet
admirable, et on conçoit réellement qu'ils puis-
sent s'élever à une ambition plus haute que celle
d'empoisonner par des obscénités, par des im-
piétés, par des mensonges, par des calomnies,
par des fables, de pauvres enfants dans les colléges, de pauvres filles dans leur oisiveté forcée,
de pauvres ouvriers à leur travail, et tout un
peuple dont ils étaient chargés de nourrir et d'é-
clairer l'esprit. Mais, en attendant ce miracle,
que peut faire la législation ?*

R. La législation a ici d'immenses devoirs,
presqu'encore absolument incompris parmi
nous. Il faut pour le monde littéraire un code
des délits et des peines. Comme la parole écrite
est une nourriture publique, tout homme doit
signer sa parole et en répondre. Quel homme
d'honneur, quel esprit convaincu, droit et sincère refusera de signer sa parole et d'en répondre ? Cela dit, voici la législation sur la presse,
presse quotidienne ou autre, feuilles ou in-folio :

1° La presse est absolument libre ;

2° Toute parole écrite est signée, non de l'éditeur responsable, mais de son auteur même, qui en répondra seul ;

3° Tout délit ou tout crime littéraire est puni selon la loi. Si quelqu'un prend un masque et se couvre du nom d'autrui ou d'un faux nom, qu'il soit traité comme un faussaire.

Voilà tout. Mais que la loi soit énergique, qu'elle soit terrible, parce qu'il y va du sang du peuple, du salut de la France et du progrès du genre humain.

D. *Une parole peut donc être un crime ?*

R. Une parole est un crime comme une action, et plus encore ; car une parole est une semence d'actions.

D. *Quels sont les crimes que l'on peut commettre en paroles ?*

R. Les mêmes que l'on peut commettre en actions.

D. *Expliquez-vous ?*

R. La loi de l'humanité, nous l'avons vu, se résume en deux mots : aimer Dieu et ses frères. D'où il résulte que le crime est toujours haine ou mépris de Dieu et de ses frères.

D'où il suit que quiconque insulte Dieu directement ou indirectement, quiconque porte la moindre atteinte à la foi vive et amoureuse par laquelle tout cœur d'homme doit tenir au cœur et à l'inspiration de Dieu notre père tout-puissant, notre perpétuel conducteur, notre continuel bienfaiteur, celui-là travaille à détacher les hommes de la vie, qui est Dieu ; son crime est le crime d'homicide, et il attaque véritablement la vie morale, la vie intellectuelle et la vie corporelle de ses frères.

Il est clair que quiconque excite à la haine, au mépris, à la colère, par mensonge, par calomnie, par injure, par médisance, celui-là frappe ses frères et frappe la société.

Telle est la mesure à laquelle on peut estimer les délits et les peines littéraires.

D. Le mensonge ne se produit-il pas sous d'autres formes que sous la forme littéraire pour attaquer la société ?

R. Oui, il y a le mensonge en action.

D. Qu'appelez-vous le mensonge en action au point de vue social ?

R. J'appelle ainsi toutes les trames ténébreuses des sociétés secrètes et des conspirations.

D. Est-ce donc que toute participation à une conspiration et à une société secrète est toujours un mensonge et un crime ? Est-ce que les premiers chrétiens ne formaient pas une société secrète et ne se cachaient pas dans les ténèbres des catacombes ?

R. Les premiers chrétiens professaient au grand jour leur foi, et ils versaient leur sang, plutôt que d'en nier un seul article, dès qu'ils étaient interrogés, ou qu'ils se présentaient d'eux-mêmes pour apporter à leurs frères aveugles la vérité qu'ils possédaient. Mais ils allaient dans les catacombes pour pratiquer leur culte, parce qu'on ne leur laissait pas d'autre temple, et jamais ils ne conspiraient contre la société qui les traquait et les martyrisait.

D. *Ne peut-on pas encore aujourd'hui se cacher pour conspirer l'amélioration d'une société aveugle qui s'obstine dans l'ornière du passé?*

R. Cela me semble absurde, inutile, criminel en tout temps et aujourd'hui mille fois plus que jamais.

D. *Pourquoi est-ce inutile et absurde en tout temps?*

R. Parce qu'on ne fait jamais avancer une société malgré elle, par surprise et par coups de main; on fait avancer la société librement, en l'éclairant, en l'animant par la parole et par l'exemple. Aucune force ne peut faire avancer un peuple malgré lui. D'ordinaire vous le faites reculer en voulant le pousser par force.

D. *Pourquoi est-ce criminel?*

R. Parce que d'abord il faudrait être absolument certain d'avoir soi-même raison; ce que tout homme et toute minorité modeste et raisonnable devrait parfois mettre en question. Si l'on a tort, si l'on a une seule chance d'avoir tort, quel crime que d'attaquer à faux, sournoisement, par derrière, un peuple qui a raison! Enfin, fût-on certain d'avoir raison, le mieux, qui ne le sait! le mieux est l'ennemi du bien, pour un peuple qui n'en veut pas, ou qui est incapable de le porter. Dieu même, dans l'Evangile et dans les livres saints, Dieu dit aux hommes : Vous n'êtes pas maintenant capables d'en porter davantage ; je vous laisse à ce point : je vous tuerais, si je voulais en ce moment vous faire porter la justice tout entière.

L'homme et la société sont en croissance et en éducation. Dieu éclaire, fortifie, développe graduellement l'humanité. A chaque saison son fruit, à chaque jour son mal et sa peine, à chaque heure sa prière et son inspiration.

D. *Pourquoi dites-vous que la voie des conspirations et des sociétés secrètes est aujourd'hui plus inutile, plus absurde et plus criminelle que jamais ?*

R. Parce qu'il n'y a plus lieu à société secrète ni à conspiration quand on possède la liberté de la presse, la liberté d'association et le suffrage universel. La société secrète ne saurait plus être aujourd'hui qu'une manie des carac-

tères fourbes, qu'un crime des volontés per-
verses, entraînant avec eux des hommes inat-
tentifs.

D. *Mais quand la liberté de la presse et la
liberté d'association sont limitées, que doit-on
faire ?*

R. Alors ce qu'on en tient suffit vingt fois
pour conquérir ce qu'il en faut avoir.

D. *Et si le peuple fait un mauvais usage de
son suffrage universel ?*

R. C'est un malheur absolument irréparable
auquel chacun de nous doit se soumettre très-
humblement. Quand la France a parlé, et que
chacun de vos frères, sans aucune exception,
avec un droit égal au vôtre, a dit sa volonté,
dont le poids est et doit être égal au poids de votre volonté, de quel droit venez-vous nous dire :
Ce n'est pas cela ! Quel est l'individu ou la coterie
qui osera dire à la France : Taisez-vous, laissez-moi parler seul ? Je sais qu'il y a vingt co-
teries et cent mille hommes peut-être qui osent
dire aujourd'hui : *La France, c'est moi.* Mais
leur dire est certes plus stupide et plus absurde
que celui de Louis XIV, quand il disait : *L'État,
c'est moi.* Il n'y a qu'un égoïsme aveugle, pas-
sionné, féroce qui ne comprenne que la France
tout entière est plus que chacun de nous. Quand
des frères mettent aux voix l'usage que l'on fera

d'un jour de fête, après qu'on a compté les voix, il n'y a plus qu'une voix : celui qui cède, fait aussi bon visage que celui qui l'emporte. Celui qui ne se soumet pas à tous est un sot et un fâcheux, quand il s'agit d'une fête ; s'il s'agit de grands intérêts, c'est un faux frère.

D. *Mais si la majorité s'est trompée et marche vers un précipice?*

R. On la prévient et on lui montre le précipice : votre voisin a des yeux comme vous.

D. *Oui, mais pour les choses morales, sociales, mon voisin est aveugle?*

R. J'en conviens; mais pour les choses morales, sociales, vous êtes exactement aussi aveugle que le voisin. Peut-être même, comme le dit l'Evangile, vous avez une poutre dans l'œil, tandis qu'il n'a qu'une paille dans le sien; et vous dites à votre frère : laissez-moi tirer la paille de votre œil. Hypocrite, vous répond l'Evangile, ôtez d'abord la poutre de votre œil, et vous verrez ensuite comment tirer la paille de l'œil de votre frère.

D. *Mais, supposant qu'on ait raison, que faut-il faire?*

R. Il faut commencer par le plus important, et ne pas tomber dans un mal absolu pour éviter un mal relatif. Il faut commencer par ne pas se haïr entre frères, ce qui est le mal so-

5.

cial absolu : tant que l'on marche ensemble,
tout autre mal social est relatif et passager.
Faites donc comme de bons frères qui, après
avoir délibéré si l'on ira vers la montagne ou
vers la plaine, ont choisi malgré vous la plaine.
Il y a, disiez-vous, des ennuis dans la plaine :
il y a trop de rosée sur l'herbe et trop de sable
aux bords de la rivière ; soit, mais vos frères
préfèrent le sable qui ralentit la marche, et la
rosée qui mouille les piétons, aux dangers des
voleurs, des précipices, des avalanches dans la
montagne.

D. *Y a-t-il encore en France des sociétés
secrètes ?*

R. Cela n'est pas probable. Il peut y avoir
des sociétés de filous et d'escrocs ; mais les sociétés secrètes politiques sont si visiblement ab-
surdes et criminelles qu'il faut croire ce moyen
de vaincre abandonné de tous les partis.

D. *Quelle est en général l'origine et la cause
des sociétés secrètes ?*

R. Voici, sauf exception, l'origine des sociétés secrètes.

Il y a malheureusement parmi les hommes
des natures fourbes, des esprits menteurs, des
âmes sans foi qui ne croient pas à la puissance
de la justice et de la vérité, qui sont dans le
faux et dans l'iniquité, qui veulent régner et

posséder, mais sentent qu'ils ne le peuvent que
par mensonge et par violence : c'est la race
des méchants, la lignée des menteurs et des
fils de Caïn, qui ont le goût de la ruse, du
poignard, l'instinct du souterrain, le besoin
des ténèbres. Cette race a toujours existé dans
le monde : de même qu'il y a, dans l'ensemble
de l'humanité, deux grandes races sociales
bien distinctes, qui sont les sauvages et les
civilisés (ceux-ci prétendant adorer Dieu, l'ordre, la justice, la vérité; les autres prétendant
adorer le mal et le mauvais esprit), il y a de
même au sein de chaque peuple, par suite du
choix libre de l'homme en faveur du bien ou du
mal, même chez les peuples où l'ordre est pré-
pondérant, un noyau d'ennemis directs de tout
ordre et de toute société. Il y a dans chaque
nation l'*anti-nation*.

Au fond, l'ordre social, c'est le respect d'autrui, de la vie et du droit d'autrui, c'est le respect de la parole et du contrat, le respect de
l'unité et de la sainteté de la famille. C'est là l'ordre, le droit, la condition sociale. Or, il y a des
hommes qui veulent prendre, quand il leur plaît,
la vie, le droit, le bien, la femme d'autrui à travers tout contrat et toute loi. Il y a des hommes
qui ont réglé et décidé qu'ils agiraient ainsi
quand ils pourraient. Voilà l'anti-nation.

L'ordre social est un niveau : c'est le niveau de l'égoïsme mitigé, tempéré par la justice et la raison, et bridé par la loi.

Or il y a des hommes au-dessus de l'ordre social proprement dit, et il y a des hommes au-dessous de l'ordre social.

Les premiers travaillent à le faire avancer, à l'élever de l'égoïsme mitigé à l'égoïsme vaincu, de la stricte justice à la fraternité.

Les seconds travaillent à le détruire et à le faire passer de l'égoïsme mitigé à l'égoïsme triomphant, de la justice à l'injustice, du règne de la loi au règne de la force, de l'audace et du brigandage. Ils travaillent contre l'ordre social en faveur du désordre sauvage.

D. *Pourriez-vous citer des hommes ou des doctrines supérieures à l'ordre social proprement dit?*

R. Je n'en connais qu'un seul exemple, c'est Jésus-Christ, sa doctrine, ses disciples.

D. *Jésus-Christ est-il donc venu détruire l'ordre social actuel?*

R. En aucune sorte : il dit, au contraire : Je ne suis pas venu détruire la loi, mais l'accomplir; c'est-à-dire que l'esprit du Christ maintient l'ordre social et l'élève, tandis que l'esprit contraire, inférieur à l'ordre social et à la raison publique, détruit l'ordre social par le crime.

D. *Comment l'esprit de J.-C. maintient-il l'ordre social en l'élevant ?*

R. Jésus-Christ maintient d'abord toutes les lois sociales qui constituent la justice naturelle; puis il renchérit sur ces lois par la charité, qui est surnaturelle.

D. *Où est exposée la doctrine de J.-C.?*

R. Dans le sermon sur la montagne, cette doctrine est exposée par la bouche de Jésus-Christ même.

Dans cette admirable instruction qui résume, en deux pages, tous les devoirs de l'homme envers Dieu et envers ses frères, Jésus-Christ pose et maintient les lois qui condamnent l'homicide, l'adultère, le vol et le mensonge; il ajoute à chacune de ces lois et demande aux hommes ce qu'il appelle « une justice plus abondante. » Voici le résumé de cette divine leçon.

« L'ancienne loi vous a dit: *Tu ne tueras point.* Moi je vous dis de plus : Tu ne t'irriteras point contre ton frère; tu ne lui feras jamais aucun mal, et s'il te frappe sur une joue tu lui présenteras l'autre.

» L'ancienne loi vous dit: *Tu ne commettras point d'adultère.* Moi je vous dis de plus : Quiconque a regardé une femme avec un mauvais désir a déjà commis l'adultère dans son cœur.

» La loi disait: *Tu ne mentiras pas,* tu ne

porteras pas de faux témoignage. Moi je vous dis : N'abusez pas de la parole; que votre parole soit simple; dites : *Cela est, cela est ; cela n'est pas, cela n'est pas.* Car ce qui est de plus vient du mal.

» La loi disait : *Tu ne déroberas pas.* Moi je vous dis : Si quelqu'un veut te faire un procès pour avoir ta tunique, abandonne-lui encore ton manteau : donne à qui te demande; ne détourne jamais ton visage de celui qui veut emprunter de toi. »

Et il résume ainsi ses instructions : « On vous a dit : Vous aimerez votre prochain et vous haïrez votre ennemi. Moi je vous dis : Aimez vos ennemis, faites du bien à ceux qui vous haïssent, et priez pour ceux qui vous persécutent et qui vous calomnient, afin que vous soyez les enfants de votre Père céleste qui fait lever son soleil sur les bons et sur les méchants, et verse sa rosée sur les justes et sur les injustes. »

Vous comprenez que ceci c'est l'esprit de Dieu manifeste.

D. *Oui certes! Mais pourriez-vous nous citer des exemples de l'esprit contraire?*

R. L'esprit contraire à l'esprit du Christ est ce que l'on appelle l'antichristianisme.

D. *Peut-il y avoir une doctrine directement contraire au christianisme? Le christianisme*

*enseigne à aimer Dieu par-dessus toutes choses,
et ses frères comme soi-même. Quelqu'un peut-il
enseigner le contraire ?*

R. On ne le croirait pas possible. Cependant
le contraire est enseigné aujourd'hui parmi
nous, formellement et dogmatiquement.

D. *C'est ce que je ne croirai que quand je le
verrai. Citez les textes, s'ils existent.*

R. Voici les textes.

« Dieu, s'il existe, est essentiellement hostile
à notre nature.... Nous arrivons à la science
malgré lui, au bien-être malgré lui ; chacun de
nos progrès est une victoire dans laquelle nous
écrasons la divinité.

» Dieu c'est sottise et lâcheté, hypocrisie et
mensonge, tyrannie et misère ; Dieu, c'est le
mal.

» La conclusion de la science sociale est celle-
ci : Il n'y a pour l'homme qu'un seul devoir,
qu'une seule religion, c'est de renier Dieu. *Hoc
est primum et maximum mandatum.*

» Que le prêtre se mette enfin dans l'esprit
que la véritable vertu, celle qui nous rend di-
gnes de la vérité éternelle, c'est de lutter contre
la religion et contre Dieu. »

D. *Qui a pu dire de pareilles choses ?*

R. Ecoutez d'abord la suite. Vous venez d'entendre ce qui concerne Dieu; voici ce qui concerne nos frères :

« Vainement vous me parlez de fraternité et d'amour. Je reste convaincu que vous ne m'aimez guère, et je sens très-bien que je ne vous aime pas.

» La charité, c'est une infâme mystification.

» Souvenez-vous et n'oubliez jamais que la pitié, le bonheur et la vertu de même que la patrie et la religion sont des masques.

» Le cœur du prolétaire comme celui du riche n'est qu'un foyer de luxe et d'imposture. »

D. *Qui a écrit ces lignes ?*

R. Parlons du livre, non de l'auteur. Nous ne savons si l'auteur parle ainsi de son propre fonds, ou si sa doctrine est d'emprunt, ou si elle n'est que provisoire. Dans le premier cas, son auteur serait bien à plaindre ; dans le second cas, il faut lui appliquer ces paroles du Christ : *Pardonnez-leur, mon Père, car ils ne savent ce qu'ils font.*

D. *Quoi! vous ne condamnez pas absolument l'homme qui énonce de pareilles doctrines?*

R. Non, nous condamnons les doctrines, mais il n'est jamais permis de dire, en nommant un homme par son nom, cet homme est un méchant.

D. *Pourquoi ?*

R. Parce que nous n'en savons rien. Le cœur n'est pas toujours d'accord avec les actes ou les paroles.

D. *Mais comment expliqueriez-vous l'état intellectuel d'un homme capable de penser ainsi de son propre fonds, et dont le cœur serait d'accord avec l'esprit ?*

R. Cet état intellectuel est décrit et connu depuis des siècles; Platon, Leibnitz, et d'autres observateurs considérables, ont remarqué qu'il y a des hommes dont l'esprit et le cœur opèrent à rebours. Dans ce cas, on aime le mal, on hait le bien; on voit les idées à l'envers : on dit : — Dieu, c'est le mal; — l'être, c'est le néant; — la vertu, c'est le vice; le vice, c'est la vertu; — la propriété, c'est le vol; le vol, c'est la réparation; — la conscience, c'est l'obstacle à tout bien; — la religion, c'est l'athéisme.

D. *Comment expliquez-vous l'existence et la possibilité d'une pareille maladie ?*

R. C'est que le cœur de l'homme est libre de choisir l'égoïsme ou l'amour. L'amour, c'est la vie; donc l'égoïsme, c'est la vie à rebours. Dès lors l'âme qui a choisi l'égoïsme est retournée : elle sent à rebours, et l'esprit, toujours fidèle image du cœur, pense et voit à rebours.

D. *Quoi qu'il en soit, cette doctrine est donc l'antichristianisme?*

R. Précisément.

D. *Y a-t-il toujours eu des esprits ainsi renversés?*

R. Toujours ; et ces esprits, inférieurs à l'ordre social, à la justice, à la raison, ont formé en général le fond des sociétés secrètes de tous les temps et de tous les lieux.

D. *Y en a-t-il eu des exemples dans l'antiquité ?*

R. Il y en a beaucoup d'exemples : tels étaient la plupart des initiations aux mystères des dieux. Mais il y en eut un exemple insigne vers le ve siècle de la république romaine.

On découvrit un jour à Rome que la ville renfermait environ huit mille membres d'une secte infâme dont le principe fondamental était ceci : « Savoir que rien n'est mal, voilà toute la religion. » Les initiés étaient éprouvés par la perpétration de tous les crimes. La société immolait, dans ses orgies, ceux qui fléchissaient. Le meurtre, le viol, les crimes contre nature, commis en séance ; le faux témoignage, les falsifications de signatures, les suppositions de testaments, étaient leurs pratiques. Il y avait des initiés dans le sénat, dans la noblesse, dans tous les rangs du peuple, beaucoup de femmes.

On s'assemblait sous prétexte de célébrer le culte de Bacchus.

Le peuple romain ayant découvert ce nid de vipères, fit fermer les portes de Rome : on saisit tout, on obtint des aveux complets : on mit à mort quatre mille des plus coupables et on bannit le reste. Vous pouvez voir les détails dans Tite-Live, livre 39.

Grâce à Dieu, grâce à la présence réelle du Christ, de telles horreurs et par suite de tels châtiments n'ont plus de place dans le monde moderne. Les méchants absolus, qui au sein des peuples chrétiens portent en eux cet esprit satanique, ne sont, quoique prodigieusement dangereux, que des exceptions et des monstres.

XI.

RÉSUMÉ DES QUATRE PRÉCÉDENTS CHAPITRES.

D. *Qu'avons-nous vu dans ces quatre cha-pitres?*

R. Nous avons vu qu'il y a quatre crimes sociaux : 1° l'homicide; 2° l'adultère et la dé-bauche; 3° le vol; 4° le mensonge et le faux témoignage.

Ces crimes sont l'obstacle social. Le premier divise entre eux les peuples par des traces de sang. Le second dissout la famille, qui est l'élé-ment social, ou énerve directement l'individu. Le troisième, consistant à prendre, est le con-traire de la fraternité, qui consiste à donner. Le quatrième envoie aux peuples le vertige de l'erreur et mine en dessous la société.

D. *Quel progrès de fraternité pouvons-nous espérer tant qu'on ne sera pas décidé avant tout à ne pas tuer, à ne pas voler, à ne pas*

trahir, à ne pas mentir, à ne pas se ruiner de
débauche ?

R. Aucun. Voilà pourquoi la culture morale
et religieuse de l'individu est, au fond, le vrai
moyen du progrès social.

D. *Quelles sont les vertus sociales qu'il est*
possible et nécessaire d'acquérir ?

R. Ce sont les suppléments à la justice an-
tique que J.-C. nous indique quand il nous
demande une justice plus abondante que les
anciens et nous enseigne *l'accomplissement* de
la loi.

D. *Quels sont ces suppléments ?*

R. 1° Le supplément à la loi qui défend l'homicide, c'est d'éviter même la colère et l'injure
et de ne pas rendre l'injure ni le soufflet reçu.
Il est à remarquer qu'ordinairement une douceur absolue désarme l'adversaire : « Heureux
» ceux qui sont doux, parce qu'ils posséderont
» la terre. »

2° Le supplément à la loi qui défend l'adultère, c'est la chasteté intérieure. La chasteté
affermit la famille, élément social, et grandit
les individus : car les âmes qui ne se répandent
pas grandissent. La pureté est la principale
source de la science, du génie et de la sagesse.
« Heureux ceux qui sont purs, parce qu'ils ver-
» ront Dieu. »

Il est un autre fruit de la chasteté, trop peu connu, quoique bien manifeste. C'est que les peuples dépravés n'ont pas d'amour. Les peuples chastes seuls sont capables d'amour. L'amour, chez les peuples chastes, grandit la femme, en fait la compagne de l'homme, lui donne l'être social, et double ainsi la force de l'humanité.

3° Le supplément à la loi qui défend le mensonge est le respect, la gravité de la parole. Dans ce cas la parole devient lumière et aliment, elle vivifie et elle bénit ce qu'elle atteint; elle répand dans les peuples la sagesse, la lumière, la foi, le sens du beau, le germe des grandes choses.

4° Le supplément à la loi qui défend le vol c'est la générosité sans limite; non pas seulement cette générosité qui disperse l'aumône, mais la générosité permanente, la charité vivante et cette pérennité d'amour et de miséricorde qui consacre sa vie au salut corporel, moral, intellectuel et religieux du genre humain. « Heureux les miséricordieux, parce qu'ils obtiendront eux-mêmes miséricorde. »

D. *Donnez-nous quelque exemple du bien que produirait l'application de ces principes.*

R. En voici un. Supposons seulement que la loi religieuse et morale qui défend la colère et l'injure, ce complément de celle qui défend l'homicide, entrât dans nos mœurs littéraires.

D. *Qu'en résulterait-il?*

R. Le retour à la vie, au lieu de la dissolution et de la mort.

D. *Comment cela?*

R. Parce qu'alors la presse serait transformée et vivifierait tout, au lieu de tout dissoudre.

D. *Quel est donc aujourd'hui le caractère général de la presse?*

R. La méchanceté.

D. *Que lui souhaitez-vous?*

R. La bonté.

D. *Comment la presse peut-elle passer de la méchanceté à la bonté?*

R. Cela n'est pas facile : tout journal, au lieu de se dire chaque jour : qu'ai-je à renverser aujourd'hui? devrait se dire : qu'ai-je à bâtir ou à planter? Tout écrivain, au lieu de se dire chaque jour : qui frapperai-je aujourd'hui? devrait se dire : à qui tendrai-je la main?

Les lettres devraient prendre enfin pour devise ces vérités évangéliques : Bienheureux sont les pacifiques, bienheureux sont les miséricordieux, bienheureux sont les doux, parce qu'ils posséderont la terre.

D. *Quels sont les principaux obstacles à cette conversion de la presse ?*

R. Il y a d'abord cette fausse maxime : qu'un journal doux et pacifique n'a pas de lecteurs ; maxime vraie pour la douceur fade et pour la paix poltronne, fausse pour la paix armée et pour la douceur sympathique. Il y a ensuite la force de l'habitude. Beaucoup d'écrivains d'un haut talent ont, par suite d'habitude, la plume noire, le ton sombre et le style spadassin. Changer de ton, changer de style est difficile. C'est un pli pris. La verve est acariâtre et non pas sympathique : on sait blâmer, on ne sait pas louer.

D. *Est-ce un grand mal ?*

R. C'est un incalculable malheur : le ton haineux, hargneux, qui se généralise, tend à la dissolution de la France. Nous sommes perdus si nous ne savons nous corriger. On dirait que le caractère de la France tourne à l'aigre. On oublie l'incomparable force de la douceur, et l'incomparable grandeur de la bonté. « La France est » bonne, avait-on dit ; il n'y a que les grands » cœurs qui sachent ce qu'il y a de gloire à » être bon. La France est bonne ! » Peut-on le dire encore ? Est-il certain que le caractère de la France ne change pas? Voici tout à l'heure soixante ans que nous vivons de colère et de malédictions, de massacres et d'échafauds, de guerres et de barricades, d'incurables rancunes, de vendetta publique : tout dénigrer, tout blasphémer, tout renverser et tout briser, voilà les mœurs fomentées par la presse; les écrivains dénigrent et brisent dans les journaux; les enfants dénigrent et brisent dans les écoles et les colléges; les politiques brisent partout et toujours; tout casseur est d'abord populaire; dans la rue on brise tout, vitres, boutiques, trottoirs, chaussées; et allez donc dire dans la rue qu'il ne faut point briser! On veut briser la société entière, sans qu'il en reste rien, comme des écoliers révoltés mettent en morceaux tout le mobilier d'un dortoir; et l'on prend pour devise ce qu'inscrivait sur sa bannière une école primaire en révolte : A BAS TOUT. Et dans cette colère ridicule on sait être au besoin méchant et sanguinaire !

Aussi ce noble élan d'enthousiasme et d'impétuosité généreuse que l'Europe, souriant et admirant à la fois, appelait la *furie française,* va se nommer maintenant la *crânerie française.*

D. Qu'est-ce que cela veut dire ?

R. Cela veut dire que notre vivacité d'enthou-

6

siasme commence à se mêler de vinaigre et de fiel, et que nous devenons méchamment et incurablement querelleurs, comme les Grecs du temps d'Alexandre, comme ceux du Bas-Empire, comme les Républiques italiennes, comme celles de l'Amérique du Sud (faut-il ajouter comme l'Espagne ?), en un mot comme toutes les nations qui s'éteignent.

D. *Quand le caractère d'un peuple s'aigrit, c'est donc un bien mauvais symptôme ?*

R. C'est un commencement de décomposition. Consultez les naturalistes, ils vous diront que la *fermentation acide* est le premier degré de la putréfaction.

Malheur à tout ce qui perd le calme, la douceur, la sérénité, la bonté.

D. *Pouvons-nous revenir à la bonté ?*

R. Nous le pouvons. Nous sommes malades, mais je crois que nous guérirons. Il y a encore assez d'intelligence dans nos esprits, et de générosité dans nos cœurs, pour comprendre enfin la doctrine du Christ : « Aimez vos ennemis; » bénissez ceux qui vous maudissent; priez » pour ceux qui vous persécutent et qui vous » calomnient; afin que vous soyez les enfants » de votre Père céleste qui verse son soleil sur » les méchants comme sur les bons. »

D. *Mais si nos ennemis nous attaquent ?*

R. Nos ennemis nous traiteront-ils plus mal
que les bourreaux du Christ ne l'ont traité?
Sur la croix, pieds et mains percés, le Christ a
refusé de boire le vinaigre et le fiel. C'était
une souveraine leçon donnée à tout le genre
humain.

D. *Que faut-il donc faire?*

R. Être bon toujours; être doux quand même.

D. *Mais la douceur continuelle est fausse et
impuissante?*

R. Non, elle est vraie et toute-puissante. Elle
est toute-puissante, car c'est l'unique procédé
du Christ, le conquérant du monde moral. Elle
est vraie, parce que Dieu est notre Père, et que
nous sommes tous frères, sans une seule exception. Jusqu'à quand refuserons-nous donc de
croire ce dogme fondamental de l'universelle et
infaillible religion? Jusqu'à quand refuserons-
nous d'essayer, tout au moins de le pratiquer
en paroles, afin de nous exciter et de nous exer-
cer peu à peu à le pratiquer en action.

D. *Quel serait donc, de ce point de vue, le
devoir des écrivains?*

R. Leur devoir est de changer de style et
d'être bons d'esprit, comme chacun veut l'être
de cœur. Leur devoir est d'apprendre à bé-
nir, à respecter, à exhorter, à encourager,
à louer; à corriger par l'indulgence, à fécon-

der par la sympathie; à tendre la main, à voir l'idée d'autrui, à découvrir, soit dans les hommes soit dans les choses, le bien, si faible qu'il soit; à le dégager, comme une étincelle sous la cendre, à l'animer d'un souffle ami, et à le propager; à répandre enfin dans un peuple la contagion de la fraternité. Si beaucoup d'hommes de foi, de cœur et de talent concevaient bien ce céleste idéal, et voguaient droit vers cette étoile, croit-on qu'un doux et glorieux triomphe ne couronnerait pas leurs efforts?

D. *Quel serait ce triomphe?*

R. Ce serait la renaissance des lettres, le vrai règne de la raison, une nouvelle création sociale par la parole; un grand siècle de science morale, sociale et religieuse, où, comme le dernier grand siècle a découvert les lois du monde physique, nous saurions découvrir enfin les lois du monde moral; un grand siècle d'application sociale de ces saintes lois; la reconstitution, avec progrès, de l'unité européenne; la conquête, si longtemps attendue, de l'unité du globe; la réalisation de la grande prière catholique : « O Père! qui as donné à tes enfants ce » globe pour le cultiver, fais qu'ils n'aient » qu'un cœur et qu'une âme, de même qu'ils » n'ont qu'une seule demeure! »

XII.

L'ASSEMBLÉE UNIVERSELLE.

D. Nous voyons bien que le crime social est l'obstacle au progrès social, et que la pratique des vertus sociales est la condition du progrès. Mais sommes-nous donc réduits à nos efforts individuels et n'y a-t-il pas quelque moyen public de faire marcher le monde ?

R. Le grand moyen c'est l'association volontaire de ceux qui veulent, comme le dit Jésus-Christ, une justice plus abondante que celle des anciens.

D. Les hommes qui s'associent dans ce but prétendent-ils donc renverser la justice existante?

R. Bien au contraire, ils prétendent la pratiquer tout entière. Ils prennent pour devise la parole du Christ : Je ne suis pas venu détruire la loi, mais l'accomplir. La justice est éternelle, et elle fait le fond nécessaire des sociétés.

6.

D. *Qu'est-ce donc que la justice plus abondante que la justice commune?*

R. C'est la justice à laquelle on ajoute son
complément.

D. *Qu'est-ce que le complément de la justice?*

R. C'est le dévouement et la charité.

D. *Quelle est la principale des associations
fondées dans ce grand but?*

R. C'est celle qui se nomme l'assemblée universelle.

D. *Je n'ai jamais entendu parler de cette
société?*

R. C'est qu'on a l'usage de l'appeler par son
nom grec. Sous ce nom, il n'est personne qui
ne la connaisse : c'est l'Eglise catholique. Eglise
catholique veut dire, littéralement et mot pour
mot, *assemblée universelle.*

D. *Il se présente ici deux difficultés : pre-
mièrement y a-t-il en effet sur la terre une société qui puisse se dire universelle? En second
lieu l'Eglise catholique représente-t-elle cette
société?*

R. Nous pouvons répondre affirmativement à
ces deux questions.

D. *Voulez-vous nous montrer d'abord qu'il
existe une société qui puisse se dire universelle,*

ce que l'on n'a jamais entendu dire et ce qui peut sembler d'abord un paradoxe?

R. Quelle idée vous faites-vous donc du genre humain? Croyez-vous que les hommes sont des points isolés, comme des grains de poussière ou de sable? Les hommes forment une unité naturelle et vivante, comme celle des fruits d'un arbre, qui tous se tiennent dans l'unité d'une séve commune.

D. *J'entends : mais alors l'assemblée universelle n'est autre chose que l'humanité même?*

R. Oui et non. Oui, parce qu'il devrait en être ainsi, et c'est ce que Dieu veut. Non, parce qu'il n'en est pas ainsi, par suite de la volonté libre de l'homme, et des abus de la liberté.

L'assemblée universelle c'est l'humanité, mais non pas tous les hommes. Il y a des hommes en dehors de l'humanité. Il y a les hérétiques du genre humain.

Ceux-là tiennent à l'humanité par un rapport de nature, nécessaire : mais, nous appelons membres vivants de la grande assemblée ceux qu'y rattache un rapport volontaire et libre.

D. *Quelles sont donc ces deux espèces d'hommes?*

R. Ce sont les bons et les méchants, les dévoués et les égoïstes, les justes et les prévaricateurs.

Les méchants et les égoïstes sont la partie dispersée du genre humain, mais les bons tiennent ensemble. Les égoïstes sont comme des fruits qui se ferment à la vie de la branche et du tronc, qui sèchent dans l'isolement, qui tombent de l'arbre universel et pourrissent seuls chacun de leur côté : mais les bons et les dévoués tiennent ensemble au même tronc, et vivent d'une séve commune.

D. *Ceci n'est qu'une image ; donnez-nous des raisons ?*

R. Une bonne image est une raison. D'ailleurs, la preuve de cette doctrine c'est qu'il n'en peut pas être autrement. Entre les hommes, entre Dieu et les hommes l'isolement n'est qu'accident; l'union est d'institution primitive et divine : donc tout ce qui n'est pas détaché par le mal, tient à l'arbre.

D. *Oui ; mais chacun sait, ou plutôt chacun voit, que nous naissons dans l'égoïsme. Nous naissons donc détachés ou dispersés ?*

R. Cela est parfaitement incontestable : c'est un mystère, mais c'est un fait. Nous naissons tous ainsi, nous naissons égoïstes et par conséquent dispersés. Mais qu'est-ce que ce travail qui commence dès la première enfance, et cette perpétuelle fermentation du cœur et de la pensée dans la lutte du bien et du mal? C'est l'épreuve de la liberté, nécessaire à tout esprit libre. Or l'épreuve tourne bien ou mal : les uns choisissent librement l'égoïsme et le mal, les autres le dévouement ou la justice. Par cela même, ces derniers se rattachent à Dieu, qui est justice, amour et source de dévouement ; les autres s'en éloignent encore par l'impulsion et par le choix de leur volonté libre. Ceux-ci sont les hérétiques de l'humanité ; ceux-là forment la grande association libre des hommes en Dieu, l'éternelle et universelle société.

D. *J'insiste et je vous dis : ce sont là de pures associations. Je conçois ce bel idéal, mais en est-il ainsi dans la réalité ?*

R. Sur quel point porte votre doute ? Doutez-vous que Dieu ne veuille l'union libre des hommes entre eux et avec lui ? Non certes. Pour qu'il y ait entre Dieu et les hommes une union libre, il faut l'épreuve de la liberté. Est-ce ici que porte le doute ? Cela n'est pas possible. Donc il peut y avoir, et il y a de fait, des hommes dans la justice et dans le dévouement, d'autres dans l'égoïsme et dans l'iniquité. Ici encore le doute n'est pas possible. Mais, dès lors, ceux qui sont dans le bien forment un camp, ceux qui sont dans le mal forment un autre camp. Mais comme la vérité est une, l'erreur multiple ; comme l'égoïsme divise pendant que l'amour unit, il s'ensuit que l'un des deux camps est un camp dispersé : tandis que l'autre est une armée en ordre ou une assemblée en séance.

D. *J'avoue que les méchants sont dispersés ; mais les bons sont-ils plus unis ? Tous les hommes ne sont-ils pas des brebis dispersées, un troupeau sans pasteur, comme le dit l'Évangile ?*

R. Ceci s'applique à l'humanité dispersée, aux hommes qui n'ont pas fait leur choix, et qui flottent entre l'égoïsme et le bien. Mais il y a une assemblée réelle, une communion vivante des cœurs et des esprits unis en Dieu : ce sont les esprits et les cœurs qui veulent et pensent comme Dieu. Tous ceux qui veulent et pensent comme Dieu sont manifestement en Dieu et avec Dieu, unis en Dieu, unis dans une force infinie et dans un indissoluble faisceau.

D. *Mais, je vous prie, où sont les hommes qui veulent et pensent comme Dieu ? Où sont ces héros, ces sages et ces génies ?*

R. Les héros et les sages parmi les hommes ne sont pas ceux qu'on pense. « O mon père, dit le Christ, vous avez caché ces choses aux sages et aux prudents, et vous les avez révélées aux humbles et aux petits. » D'ordinaire ceux que nous appelons les génies et les sages sont des scribes, des littérateurs, des parleurs et des orgueilleux, des penseurs sans amour et sans âme. Aucun d'eux ne pense avec Dieu. Mais voici ceux à qui Dieu révèle sa lumière avec son amour; ce sont, dans la masse du peuple enfant, tous ceux qui sont humbles et purs, tous les bons cœurs, les âmes tranquilles, les doux, les pacifiques, les désintéressés, les naïfs, les sincères, les modestes, les réservés, les victimes, les miséricordieux; ceux qu'on n'aperçoit pas, qu'on n'entend pas, qui ne prennent rien sur autrui, mais cèdent du leur; ceux qu'on réduit au silence et à la moindre part; ceux qui cèdent leur manteau quand on leur demande leur tunique, qui font avec vous deux mille pas quand on leur en demande mille, qui présentent la joue gauche quand on les frappe sur la joue droite; en un mot les *pauvres d'esprit, les humbles et les petits,* comme dit le Christ; les enfants purs qui n'ont pas encore d'égoïsme; les femmes qui ne savent qu'aimer et souffrir; les nobles et saints jeunes hommes, sans haine et sans défiance, dont le sang est prêt à couler pour la justice et pour la vérité; les vierges qui n'aiment que Dieu; les malades qui souffrent et qui prient en silence; les vieillards qui se calment et se recueillent peu à peu vers le fond de la vie; les moribonds qui agonisent entre la vie présente et la vie éternelle; les morts enfin, les morts surtout, qui ont repris en Dieu toutes les forces et toutes les énergies de la vie, et dont l'inspiration secrète, unie à celle de Dieu, parle aux vivants, dans la substance de l'âme, un mystérieux langage à la fois divin et humain : voilà les âmes dont le faisceau forme l'assemblée sainte, l'éternelle et universelle société des volontés qui veulent ensemble et avec Dieu, et des esprits qui pensent à l'unisson dans la lumière de Dieu.

D. *Je voudrais croire ces choses.*

R. Quoi! ne savez-vous pas que lorsqu'une foule est rassemblée dans un théâtre, et que de sublimes sentiments se déploient sur la scène, les esprits s'électrisent par le nombre, se multiplient par le contact, et que l'enthousiasme s'accroît avec la masse, chacun sentant par l'âme de tous. Mais s'il en est ainsi sous la parole creuse d'un acteur et sous la fiction dramatique, que sera-ce sous la parole et sous l'inspiration de Dieu, pour tous ceux qui l'écoutent, en face du drame vivant du monde! Est-ce que le globe n'est pas notre théâtre? N'y sommes-nous pas rassemblés comme une foule, pour le commun spectacle de la vie, et notre terre est-elle si grande que nous ne soyons tous assez près l'un de l'autre pour nous toucher dans l'électricité toute-puissante du souffle de Dieu?

Voilà la vie commune des âmes en Dieu ; voilà la vie commune des âmes dans l'Église catholique. C'est ce qu'elle nomme dans son *Credo* la communion des saints, en d'autres termes c'est l'âme du monde moral, dont l'Église parle quand elle dit : « Tous les justes, les justes seuls appartiennent à l'âme de l'Église. »

D. *Admettons, ce qui après tout est certain, si l'âme est immortelle et capable de l'infini, et si Dieu est vivant et présent, admettons cette union des âmes, qui nous dit que l'Église catholique représente cette divine société?*

R. Cette éternelle et universelle société qui vit au sein du genre humain, ou elle n'est pas représentée par un organe et par une société visible, ou bien elle est représentée par l'Église catholique. L'Église catholique toute seule prétend représenter cette divine société, une, sainte, universelle, éternelle, immortelle, infaillible. Donc, elle la représente en effet ; à moins qu'on ne suppose que Dieu tient la lumière sous le boisseau, et empêche de sortir des catacombes de l'invisible, l'éternelle religion, qui est aussi l'éternelle société.

D. *Mais si l'Église catholique représente la société céleste des âmes et des esprits, qu'en devons-nous conclure pour le progrès des sociétés terrestres?*

7

R. Il en faut manifestement conclure qu'on ne peut rien, pour le progrès, contre l'Église catholique ou sans elle, et que, pour élever de siècle en siècle et d'âge en âge la société locale et temporaire, il faut tendre la main à l'éternelle et universelle société, qui n'est pas un autre peuple dans chaque peuple, mais qui est le fond sympathique et commun de tous les peuples frères, qui est l'ensemble et la communauté de tous les bons, le vrai peuple souverain du globe, dont la voix est la voix de Dieu

FIN.

www.ingramcontent.com/pod-product-compliance
Lightning Source LLC
Chambersburg PA
CBHW071836090426
42737CB00012B/2266